中國
節氣的
文化

培育文化　益智館　13

中國節氣的文化

作者　胡文濤

責任編輯　潘韻宇

美術編輯　姚恩涵

出版者　培育文化事業有限公司

信箱　yungjiuh@ms45.hinet.net

地址　新北市汐止區大同路3段194號9樓之1

電話　（02）8647-3663

傳真　（02）8674-3660

劃撥帳號　18669219

CVS代理　美璟文化有限公司

TEL／(02)27239968

FAX／(02)27239668

總經銷：永續圖書有限公司

永續圖書線上購物網
www.foreverbooks.com.tw

法律顧問　方圓法律事務所　涂成樞律師

出版日期　2016年8月

國家圖書館出版品預行編目資料

中國節氣的文化 / 胡文濤著. -- 初版.
-- 新北市：培育文化，民105.08　面；
　　公分. -- （益智館 ；13）
　　ISBN 978-986-5862-84-8(平裝)
　　1.節氣 2.中國
538.59　　　　　　　　105010383

前言

　　在中國傳統文化中，二十四節氣是一個重要的元素。它是中國古代人民創造的曆法，反映一年中自然氣候的變化規律，指導人們的農業活動和衣食住行；此外它也是歷史悠久的民俗文化，融合了古人的生活態度和處世哲學，是華夏民族智慧的結晶。

　　「春雨驚春清谷天，夏滿芒夏暑相連，秋處露秋寒霜降，冬雪雪冬小大寒。」熟悉的節氣歌，喚起了中國人記憶深處的一幕幕畫面：大地上四季變換，春華秋實；天空中斗轉星移，陰晴雨雪；田園裡生機勃勃，屋舍間人情濃濃；人們日出而作，日落而息，樸素的生活煥發著閒趣和詩情畫意……這些自然景觀和人文氣象，都因節氣的更替而有了韻律，一年又一年，在歷史的前行中遵守了某種恆定的法則。

　　中國古代是典型的農耕社會，人們靠天吃飯，因此，瞭解節氣、掌握農時是十分重要的。從春秋時期古人初步劃分四大節氣，到秦漢時期確立了二十四節氣，直到今天，這套曆法已經伴隨了中國人兩千餘年。在現代，節氣仍沒有退出歷史舞台，

一是因為它極具科學性，能夠繼續指導人們的生活；二來也是因為經過漫長時光的積累，「節氣」已經形成一種文化，對追尋傳統、研究民俗的現代人來說具有獨特的魅力。

具體來說，一年被均分成二十四節氣，一個節氣約十五天，每個節氣又被分為「三候」，五天為一候，十分精確地描述了自然界的種種變化。由於古時人民大多居住於黃河中下游地區，各節氣的自然現象便也以這一帶為準，其他地區會有不同程度的偏差。而這種地域差異，更增加了民間風俗文化的多樣性。

從自然萬物中萌生的智慧，除了幫助人們認知客觀事物，也激發了無窮的想像力。中國人骨子裡的含蓄深沉，使這想像力在審美和哲學上結出碩果。古往今來，關於二十四節氣的詩詞歌賦比比皆是：「好雨知時節，當春乃發生」，這是「雨水」節氣帶來的春之喜悅；「東邊日出西邊雨，道是無晴卻有晴」，說的是夏日裡天氣無常、時晴時雨的趣景；「蒹葭蒼蒼，白露為霜」，以白露節氣的涼意勾勒出唯美秋色；「遙知不是雪，為有暗香來」，則是梅花在雪中冒著嚴寒開放的景象。抒情的詩句，把古人的悲歡離合寄託於自然，正應了那句「天若有情天亦老」，浪漫無比。

今人再看二十四節氣，透過它們表面的含義和背後的故事，仍能品味到祖先們的生活感悟。知道二十四節氣的概念和由來，可以擴充知識；瞭解各地在二十四節氣的有趣風俗，可以增加見聞；品讀二十四節氣的文化內涵，可以陶冶情操；掌握二十四節氣的養生方法，則益於身心健康。

目錄

春生

我們常說「一年之計在於春」，可見春的重要性。冬去春來，才有了萬物生長；新的四季輪迴，才有了新的收穫。尤其是以農耕為業的中國人，春的重要則要更深一層。因為有了春種，才會有秋收。春天是播種的季節，而持續一年的農事也從這時開始。

春天的第一個節氣，就是立春。

立春為每年的二月三日或四日，視太陽位置達黃經三百一十五度時開始。關於這一點，在《月令七十二候集解》中有過如下記載：「正月節，立，建始也……立夏秋冬同。」

在二十四節氣中，素來有「四立」，即：立春、立夏、立秋、立冬，分別指春、夏、秋、冬這四個季節開始的日期，提醒著舊時的中國人要依據季節的變化進行「春種、夏長、秋收、冬藏」。因為二十四節氣的劃分起源於黃河中下游流域，所以「四立」對於幅員遼闊的中國大地而言，並不完全適用。

夏 長

春盡夏至。立夏節氣一到，夏季也就由此拉開了序幕。

立夏的另一個名字叫「春盡日」。白居易在其著名詩作《春盡日》中，生動地描述了這一時節的美好景致：「芳景銷殘暑氣生，感時思事坐含情。無人開口共誰語，有酒回頭還自傾。醉對數叢紅芍藥，渴嘗一碗綠昌明。春歸試遣鶯留語，好住林園三兩聲。」

山林青翠的初夏，驕陽似火的盛夏，大雨滂沱的仲夏。暑氣與雨水，驚雷與閃電，密集地降臨到中國的大地上。入夏的中國，草木繁茂，江河壯美，東北的稻田裡河蟹正肥，江南的河面上蓮花競放，把整個季節暈染得如同一幅幅錦繡畫卷。

立夏是進入夏天的第一個節氣，也預示著春夏兩季的交替與更迭。據史料記載，這一節氣早在戰國末年就已確立。關於立夏的命名，《月令七十二候集解》中有這樣的解釋：「立字解見春（立春）。夏，假也，物至此時皆假大也。」這裡的「假」，就是「大」的意思，說的是春種的植物到了這時已經漸漸長大了。

立夏發生在每年的五月五日前後，也就是太陽到達黃經四十五度的時候。此時大地上的氣溫逐步上升，酷暑將要正式來臨。在這一節氣裡，隨著雷雨的普遍增多，農作物也開始進入生長的旺季。

秋收

從立秋節氣開始,秋天就算是到來了。

古人云:「一葉知秋。」到了立秋,天氣由酷熱逐漸轉涼,梧桐葉始見凋落,勞作一夏的農家人熬過了炎炎夏日,終於看到了豐收的希望。然而,從另一個角度來看,古人還有「愁是心上秋」的說法。隨著秋天的到來,中國人的悲愁情緒也再次不期而至。古往今來,一代代中國人在這個不無傷感的季節裡或寫下詩歌,或繪出畫卷,來描摹自己眼中的秋天。其中最為典型的,就是唐代詩人李益在其作品《立秋前一日覽鏡》中寫下的句子:「萬事銷身外,生涯在鏡中。惟將兩鬢雪,明日對秋風。」其中的傷感之情,溢於言表。

每年的八月八日或七日,也就是太陽到達黃經一百三十五度的時候,就是立秋節氣了。從文字的角度來看,「秋」字由「禾」與「火」組成,有「禾谷成熟」之意,因其時值「暑去涼來」之時,所以也意味著萬物肅殺的氣候特徵由此正式開始。在《月令七十二候集解》中,關於這一節氣有著如下解釋:「七月節,立字解見春(立春)。秋,揫也,物於此而揫斂也。」說的就是隨著秋天的到來,萬物或成熟或潛藏,大都收斂了生機。

冬藏

冬來了。一個白雪皚皚的季節，就要在我們的面前展開它銀裝素裹的壯美畫卷了。

立冬，也就意味著冬天即將到來。在中國北方，特別是黃河流域以北的廣闊土地，冬季在這時已然拉開序幕。到了這個節氣，也就意味著萬物到了沉寂的時候。需要冬眠的動物此時已經進入了洞穴，蟄蟲和蟲卵也回到泥土或繭蛹裡沉睡，候鳥們大多移居到了南方，花草樹木也完全枯萎凋零……整個世界萬籟俱寂，天地間一派肅殺之氣。

用不了多久，雪花就將在這片土地上空飄飄而下。

在每年的十一月八日或七日，當太陽到達黃經兩百二十五度的時候，就是立冬節氣了。《月令七十二候集解》中對此的解釋為：「立，建始也。」又說：「冬，終也，萬物收藏也。」這也就意味著，一旦到了立冬時節，除了全年無冬的華南沿海以及全年無夏的青藏高原外，中國的絕大部分地區都會開始陸續進入冬季。

如果從氣候學上來劃分四季，下半年平均氣溫降到攝氏十度以下就是真正的冬季了。按照這一標準來看，中國最北部的漠河及大興安嶺以北地區早在九月上旬就已率先進入冬季，而長江流域的冬季則要到「小雪」節氣前後才真正開始。至於「立冬為冬日始」的說法，其實是與黃淮地區的氣候規律基本吻合的。

春 生

立春：一門歡笑春風暖

◆◆◆

　　我們常說「一年之計在於春」，可見春的重要性。冬去春來，才有了萬物生長；新的四季輪迴，才有了新的收穫。尤其是以農耕為業的中國人，春的重要則要更深一層。因為有了春種，才會有秋收。春天是播種的季節，而持續一年的農事也從這時開始。

　　春天的第一個節氣，就是立春。

　　立春為每年的二月三日或四日，視太陽位置達黃經三百一十五度時開始。關於這一點，在《月令七十二候集解》中有過如下記載：「正月節，立，建始也……立夏秋冬同。」

　　在二十四節氣中，素來有「四立」，即：立春、立夏、立秋、立冬，分別指春、夏、秋、冬這四個季節開始的日期，提醒著舊時的中國人要依據季節的變化進行「春種、夏長、秋收、冬藏」。因為二十四節氣的劃分起源於黃河中下游流域，所以「四立」對於幅員遼闊的中國大地而言，並不完全適用。

立春三候

中國古代將立春起十五天分為三候：「一候東風解凍，二候蟄蟲始振，三候魚陟負冰。」說的是從立春之日開始的五天，東風送暖，氣溫上升，大地開始解凍；五日後，蟄居洞穴的蟲類開始慢慢甦醒；再過五天，河流的冰面逐漸融化，魚兒開始到水面上游動，因為此時冰面並未完全化開，所以河裡的碎冰塊如同被魚背著浮在水面上一樣。這也就意味著，從立春這一天開始，大地漸漸解凍，蟲兒慢慢甦醒，大自然要開始煥發其盎然生機了。

春天來了，中國人又迎來了美好的一年。

打春的由來

在中國人的詞彙裡，「打春」一詞幾乎可以等同於立春了。想必每個人小時候都有過在立春這一天被父母早早喚醒，並被告之「春天」到來的經歷吧。大人之所以要這樣做，還是應了那一句「一年之計在於春」。至於「打春」一詞究竟是如何得來的，又是怎麼一回事，則要追溯到古代了。在當時，立春就已不只是一個普通的節氣了，還是一個重大的節日，我們常說

的「打春」，便是立春節日裡最為盛大也最為重要的活動。

　　據史料記載，打春的風俗最早來自皇宮，比如在《事物紀原》中就有「（周公）出土牛以示農耕早晚」的記載。繼周公之後，歷代統治者都效法這一傳統，在立春這一天祭祀芒神（傳說中的春神），舉行鞭春之禮——也就是用鞭子抽打泥做的春牛，意在鼓勵農耕、發展生產。《京都風俗志》一書中有過更詳細的記載：「立春前一日，順天府尹往西（東）直門外一里，地名春場，迎春牛芒神入府署中。搭蘆棚二，東西各向南，東設芒神，西設春牛，形象彩色皆按於干支。准令男女從觀。至立春時，官吏皂役鼓樂送回春場。以順大道眾役打焚，故謂之打春。」可見，最初的「打春」便是打碎所謂的「春牛」，鞭策老牛不僅有著「催耕」的含義，同時也包含了對新一年五穀豐登的期盼。

　　隨著時間的推移，「打春」這一傳統也略有些變化。從清代潘榮陛在《帝京歲時紀勝》中的記載不難看出，到了明清時期，打春已和古時一哄而上的那種「眾役打焚」的舊俗完全不同了，不僅禮儀更加繁複，場面也更為壯觀。在鞭打「春牛」後，官員要及時退朝，而皇帝在退朝前還要「各以彩仗贈貽」，

官員們都很喜悅，因為他們拿到了皇帝所賜的東西，是一年中最好的兆頭。

立春這一天，除了皇帝、官員們會從事上述活動外，民間的迎春活動也十分熱鬧。人們往往都要在自家院裡高掛「春幡」，還要張貼大紅色的對聯，上面寫著「一門歡笑春風暖」、「四季祥和淑景新」，或者是「瑞雪豐年，八方獻瑞」、「春風得意，六合同春」之類的吉祥話，房前屋內的牆上還要貼滿「迎春」、「宜春」以及各式各樣的「福」字……紅紅的對聯以及大大的「福」字，讓整個院子顯得喜氣十足。

立春意味著新一年的耕種即將開始。因為耕地的牲畜通常是牛，「春牛」便成了立春的吉祥物。自古以來，春牛不僅是每年「打春」儀式的主角，還出現在各式各樣的春牛圖中。

儘管「打春」的風俗習慣在後世多少有了一些改變，但中國人對於春天的那一份深切期望，對於莊稼豐收的美好憧憬，以及對於幸福生活的無限嚮往，卻亙古如斯，從未改變。

報春、咬春及各地習俗

立春還有許多其他習俗。自周代起，就有立春日迎春的習俗，這是古代中國一項十分重要的活動。為迎接春天的到來，上至帝王、下至庶民都要參加迎春的儀式。迎春之後，人們還要抬著巨大的春牛塑像進行遊春。人們邊走邊舞，場面蔚為壯觀。

為了慶賀春天的到來，古代中國人還要貼宜春字畫，唐代長安就已經流傳這樣的習俗了。據記載：在立春日，長安人常在門上貼迎春祝吉的字畫，即宜春字畫，包括「迎春」、「春暖花開」、「春光明媚」、「春色宜人」等內容。

說到立春的傳統習俗，就一定要說「報春」，現在很多地方依舊有這樣的儀式。具體說來，就是有人手敲鑼鼓，唱著迎春讚詞，挨家挨戶地送春牛圖。在這張紅紙印製的春牛圖上，不僅印有二十四節氣，還印著農民牽牛耕地的圖案，因此春牛

圖也被人們俗稱為「春帖子」。這種送「春帖子」的活動，同樣意在提醒人們「一年之計在於春」，催促大家要抓緊時間展開農忙之計。在老北京，立春這一天，人們就常貼春牛圖或二十四節氣圖文並茂的年畫，可見「報春」這一習俗自古就已在朝廷及民間盛行開來了。

除了「報春」，「咬春」也是仍在民間盛行的一種習俗。所謂「咬春」，是指在立春這一天吃春盤，以此來迎接春天的到來。一個「咬」字，生動地表現出了民間活動的熱烈氣氛，也引出了因立春而沿襲後世的一道道美食。

所謂的「春盤」，就是一種盛有蔬菜、水果等食物的拼盤，舊時的中國人習慣將其饋送給親朋好友或自行食用。關於這一點，杜甫在其詩作《立春》中就有過生動的描述：「春日春盤細生菜，忽憶兩京梅發時」。南宋周密也在《武林舊事》中寫下「後苑辦造春盤供進，及分賜貴邸宰臣巨璫，翠縷紅絲，金雞玉燕，備極精巧，每盤值萬錢」的句子，可見春盤在當時是相當受歡迎也極為受重視的。

其實，春盤自晉代以來就已經出現於民俗當中，只不過當時被稱為「五辛盤」。至於為何會有「五辛」這個名字，在晉

代《風土記》中可以找到相關答案：「五辛所以發五藏氣，即蒜、小蒜、韭菜、芸薹、胡荽是也。」當時的人們認為吃了這種五辛盤就可以起到殺菌驅寒的作用。到了唐宋之後，吃春盤的風俗漸漸盛行開來，皇帝也越來越喜歡用春酒、春餅去賞賜文武百官。

在民間這種吃春盤的習俗同樣以相互饋贈為樂事。在清代的《北平風俗類征・歲時》中，就有著「（立春）富家食春餅，備醬熏及爐燒鹽醃各肉，並各色炒菜，如菠菜、韭菜、豆芽菜、干粉、雞蛋等，而以麵粉烙薄餅卷而食之」的記載。

我們今天吃的春餅、春捲，是由古時的「春盤」演變而來的。立春之日把新鮮蔬果和麵餅一起擺在盤裡，饋贈親友或自己食用，這種習俗頗能體現中國人愛美食、重人情的特點。

　　說到吃春餅，舊時的北京人還有一個小小的講究，那就是一定要把春餅捲成筒狀，並且嚴格遵守著從一端吃起直至另一端的特殊規定，取其「有頭有尾」之意。在立春這一天，一家人圍坐在一起吃春餅，這種溫馨和幸福，恐怕並不與年夜飯帶給人們的滿足感相差多少。

　　除了吃春餅外，炸春捲、啃食蘿蔔也都是「咬春」習俗裡不可或缺的部分。關於春捲，在《歲時廣記》中有著專門的記載：「京都貴家造面繭，以肉或素餡……名曰探官繭。又立春日作此，故又稱探春繭。」這裡的所謂「春繭」，其俗名就是我們熟知的「春捲」。在古時的中國，人們常用椿樹的嫩芽做餡，而如今則多是以豬肉、豆芽兒、韭菜、韭黃等更加常見的食材替代。這種外焦內香的食物，往往是最受人歡迎的春令食品。

　　而啃食蘿蔔，則是「咬春」最為簡易的一項習俗。時至今日，在中國北方的廣袤土地上，依然還有很多人會在立春這一天挑選一根又脆又甜的大紅蘿蔔，來「咬春」。

　　大中華地區幅員遼闊，文化多姿多彩。立春時節除上述傳統民俗外，不同地方也各具特色的民俗。舊時的女性有在立春這一天剪綵的習俗，從南北朝起，女子會在立春這一天用彩色

綾羅剪出春燕、春幡以及花鳥等形象，簪在髮髻上迎接春天的到來。當時的女子還有在正月初一用紅紙剪成雄雞粘貼在屋門上的傳統，而這一習俗在入唐後又逐漸與立春的相關習俗融合在了一起。

　　唐代詩人崔日用在其詩作《奉和立春遊苑迎春應制》中寫到的「剪綺裁紅妙春色，宮梅殿柳識天情。瑤筐彩燕先呈瑞，金縷晨雞未學鳴」的句子，描述的就是當時的情景。因雞與吉諧音，所以取此意來預祝新的一年吉祥如意。這樣可愛俏皮的剪紙，又是出自這樣純樸美好的中國女性之手，其中的美好寓意自然無須多說。時至今日關中一帶的人們還會在立春日佩戴彩綢剪成的燕子，稱為「佩燕子」。

　　另外在陝西的廣大農村，有「畫『蠍子符』」的習俗，即以立春日的露水研成墨汁，畫符鎮壓毒蠍；在陝西澄城一帶，還有「吊春穗」的習俗，在立春這一天婦女們會用彩布、彩線做各種形態的「麥穗」，掛在人或畜的身上，以祈求五穀豐收。在山西，人們講究立春縫「小布袋」，裡面裝著豆、谷等，掛在耕牛角上，以寄託五穀豐登、六畜興旺的美好希望。人們還會用絹布做布娃娃，稱為「春娃」，在立春當天佩戴在孩童身

上，以求平安吉利。

　　很多民俗傳統都讓人嚮往，就像人們對於回到童年的渴望一樣。那些舊俗舊事，像泛黃的照片，像陳年的佳釀，構成了我們現代生活中的一方淨土，成為我們疲乏困頓時最為溫暖的一種慰藉、一份感動。

立春關鍵詞：春節及十二生肖

　　很少有人知道現在最受中國人重視的春節其實只有區區百年的歷史而已，更不可能想到立春才是過去幾千年來所謂的「春節」。事實的確如此。據史料記載，春節由立春改為農曆新年，是民國之後的事情。

　　一九一三年七月，當時的北京政府內務部向大總統袁世凱呈上一份四時節假的報告，其中就有這樣的建議：「我國舊俗，每年四時令節，即應明文規定，擬請定陰曆元旦為春節，端午為夏節，中秋為秋節，冬至為冬節，凡中國人民都得休息，在公人員，亦准假一日。」在這份提請裡共涉及了四個時令節，但當時只有「陰曆元旦為春節」這一條獲得了批准，並於次年（一九一四年）開始實行。照此計算，現代中國人的「春節」

只有百年的歷史。新中國成立後，隨著中國開始採用公元紀年，並正式將農曆正月初一定為「春節」，使得這一節日的地位得到了前所未有的提升，直至成為每個中國人心目中最為重要的節日。

需要強調的是，正是因為這樣一個歷史性的「決定」，中國人對於生肖的更替也隨之發生了變化：通常我們都會將大年初一當作生肖更替的時間點，但如果按照古時的標準，立春才是一年當中的第一天，所以人們都是以立春為生肖更替的時間點。

十二生肖，起源於早期的干支紀年法。所謂干支紀年法，是農曆的重要組成部分，始於西漢成帝末年，通行於東漢以後。它以十個天干單位與十二個地支單位進行循環搭配，每六十年完成一個週期的循環。

天干包括甲、乙、丙、丁、戊、己、庚、辛、壬、癸，地支包括子、丑、寅、卯、辰、巳、午、未、申、酉、戌、亥。為了方便記憶，古時的數術家用十二種動物來分別代指十二個地支單位，即子鼠、丑牛、寅虎、卯兔、辰龍、巳蛇、午馬、未羊、申猴、酉雞、戌狗、亥豬，並將其稱為「十二生肖」。

按照這一方法，一個人出生在某一干支年內就肖某動物，如子年生的肖鼠，丑年生的肖牛等等。既然生肖只是十二個地支單位的代稱，而立春又是天干地支紀年法中每一年的第一天，那麼立春當然就應該是新生肖開始的時間了。

在傳統文化中，生肖不僅要從立春開始算起，而且時間還不能簡單地以子時為節點，而是應以「立春」的準確時間作為基準。如二零一三年立春準確時間為二月四日零時十三分二十五秒，那麼按照傳統的方法來計算的話，在這一時間後出生的新生兒肖蛇，而之前出生的新生兒則肖龍。

時間在推移，傳統也在逐漸改變。儘管立春已經不再是新春佳節，但中國人對於春的盼望與熱情卻從未消減。關於立春的文化與風俗，早已滲透在我們的現實生活與日常習慣當中，深深烙印在每個華夏子孫的內心深處了。

立春花信風

在舊時的中國人看來，凡是在花開前，總會有風前來報信。《呂氏春秋》中就有「風不信，其華不盛」的觀點，意思是說風總是樂於守信的，一旦花將開放，風就一定會提前報信。這

也是「花信風」之名的由來。

　　時至今日，我們已經大略可知，花信風是從小寒之日起，一直要吹到谷雨時節的，這期間要前後歷經四個月、八個節氣，共有二十四番，且每番花信風中均有所候，也就是所謂的二十四候。人們在二十四候每一候內開花的植物中，選出一種花期最準確的植物，叫作這一候中的花信風。按照《二十四番花信風》的記載，在立春時節的花信風包括一候的迎春花、二候的櫻桃花以及三候的望春花。

　　迎春花屬於木樨科落葉灌木花卉植物，因其開花最早，其後才有百花齊放的勝景而得名，它和梅花、水仙花以及山茶花並稱為「雪中四友」，也是中國名貴花卉之一。儘管迎春花沒有梅花的落落大方，也缺少水仙花的高潔之氣，也遠不及山茶花嬌豔，但它卻有著獨樹一幟的明麗動人，以其明黃之色成為初春風景裡的一枝獨秀，頑強而不失歡快，孤傲卻更顯熾烈，為這略顯單調、寂寥的初春景色增添了一份難得的美好。

　　在迎春花開後的大約五天，櫻桃花也隨即開放。櫻桃花為五瓣，或粉紅或豔紅，花開時節一團團櫻桃花如彤雲般，煞是好看，唯一的缺憾就是花期較短，只有一周左右的時間。現如

今，中國大部分地區都沿襲著觀賞櫻桃花開的傳統。唐代詩人皮日休更是專門創作了一首《夜看櫻桃花》，來讚美盛開的櫻桃花：「纖枝瑤月弄圓霜，半入鄰家半入牆。劉阮不知人獨立，滿衣清露到明香。」

　　櫻桃花開過五天後，就是望春花盛開的時候了。而所謂的望春花，其實就是木蘭科的玉蘭。人們常以玉蘭來比喻高潔的人格。玉蘭最早被種植在寺院裡，距今已有兩千五百多年的歷史了，其純淨素雅的花性與講求清靜寂滅的佛教教義渾然一體，妝點了清淨的早春時節。

到了玉蘭開放的時候，春的意味就漸濃了。這種花潔白素雅，秀麗大方，自古就深受文人、畫家的喜愛，在詩詞和花鳥畫中都佔有重要的地位。

立春結語

　　作為一年當中的第一個節氣，立春就在人們對於春風送暖的期待中，在春河融化的時光裡，在對迎春花、櫻桃花、望春花開放的盼望中度過了。現代文學大家朱自清在其作品《春》的開篇處寫道：「盼望著，盼望著，東風來了，春天的腳步近了。」中國人是善於等待的，也是樂於盼望的，他們知道第一個節氣將會帶給自己怎樣欣喜的變化。千百年來，智慧的中國人早已深諳每一個節氣的「習性」，知曉在每一個節氣時將要發生的令人愉悅的事情。是的，只要春來了，天空就會落下珍貴的細雨，大地就會萬物生長，而我們就會在自己守護著的美麗家園裡，度過即將到來的每一天。

雨水：好雨知時節，當春乃發生

◆◆◆

春夜喜雨　　　唐·杜甫

好雨知時節，當春乃發生。

隨風潛入夜，潤物細無聲。

野徑雲俱黑，江船火獨明。

曉看紅濕處，花重錦官城。

　　對於中國人來說，似乎沒有什麼比一場春雨的如期而至更加讓人喜悅的了。當年杜甫在成都寫下的這一首《春夜喜雨》，雖然已時隔千年，但其中表現出來的那一份興奮與欣喜之情，至今能讓我們感同身受。當青草拱出地面，當楊柳吐露鵝黃，當桃李含苞待放，這個世界，彷彿一切都是嶄新的。而這個嶄新的世界，正是由一場春雨拉開了序幕。春雨過後，鶯飛草長，百花爭豔，農夫下田，勤勞的中國人又開始了新一輪的耕耘和收穫。

　　天降春雨的時節，就在二十四節氣中的「雨水」左右。雨水為二十四節氣中的第二個節氣，和谷雨、小雪、大雪等節氣一樣，是反映降水現象的節氣。「雨水」是每年二月十九日或

十八日，視太陽位置達黃經三百三十度時開始。在《月令七十二候集解》中，對於「雨水」的解釋為：「正月中，天一生水。春始屬木，然生木者必水也，故立春後繼之雨水，且東風既解凍，則散而為雨矣。」說的就是到了這個節氣，氣溫會有所回升，冰雪也日漸消融，當春回大地、熱氣上升之際，降水自然也就變得多了起來。

春天的第　場雨總是令人欣喜，它給大地帶來清新的氣息和無限的生機。隨後來臨的，就是一陣暖似一陣的天氣，一陣忙似一陣的農活。

雨水三候

中國古代，人們將「雨水」分為三候，即一候獺祭魚，二候候雁北，三候草木萌動。而《月令七十二候集解》中對此的解釋則是：「歲始而魚上游，則獺初取以祭。」其中的「獺祭魚」，是指水獺到了這個時節，會把捕到的魚排列在岸上。在古人看來，這種情形很像是在陳列祭祀的供品，於是也就稱其為獺祭魚或獺祭了。

「獺祭魚」後再過五天，也就到了七九的尾聲。所謂「七九河開，八九雁來」，從南方向北遷徙的鴻雁在經過數千里的長途跋涉後，終於回到了北方；再過五天，也就是在雨水時節的最後五天，在綿綿如油般珍貴的春雨中，萬物生長的季節就要在北方遼闊的土地上正式開始了。

春雨貴如油

雨水從「七九」的第六天開始，到「九九」的第二天結束，所以民間的俗諺中才有「七九河開，八九雁來，九九加一九，耕牛遍地走」的說法。這意味著除西北、東北、西南高原的部分地區外，其他大部分地區都在這時迎來了闊別已久的春天。

這時的天地間，處處有春風化雨的景象，處處有萬物復甦的勃勃生機。

中國自古就流傳著「春雨貴如油」的說法。而這一民間諺語的由來，最早見於宋代釋道原所著的《景德傳燈錄》中：「春雨一滴滑如油。」到了明朝，這句俗諺被詩人解縉以詼諧幽默的筆法寫進了《春雨》一詩：「春雨貴如油，下得滿街流，滑倒解學士，笑壞一群牛。」精於農耕的中國人，向來都將春雨視若珍寶，尤其在北方的廣大地區，每到春季，不僅有正在返青的越冬作物需要水，玉米、棉花等作物的播種也同樣需要充足的水分。如果在這時下一場及時的春雨，不僅可以滋潤乾涸的土地，更能為農民一年的好收成奠定良好的基礎。

雨水民俗：撞拜寄，認乾爹

習慣了都市生活的現代人，無法解釋古人在雨水節氣展開的民俗活動「認乾爹」，是出於何種目的。唯一稱得上合理的說法，也許是取這一節氣「雨露滋潤易生長」的意思。在川西一帶，民間普遍流傳著雨水節氣認乾爹的習俗。當地人管這一民俗叫「撞拜寄」。

在川西地區雨水節氣這一天，早晨天剛亮，霧濛濛的大路邊就會有一些年輕婦女，手牽著幼小的兒子或女兒，等待第一個從面前經過的行人。一旦有人經過，也不管是男是女，是老是少，這些年輕母親就會攔住對方，把兒子或女兒按在地上，磕頭拜寄，給對方做乾兒子或乾女兒。這就是「撞拜寄」，即事先沒有預定的目標，撞著誰就是誰。「撞拜寄」的用意是為了讓兒女順利、健康地成長。當然「撞拜寄」的習俗現在一般只在農村還保留著，城裡人大多與朋友或同學、同事相互「拜寄」子女。

女婿為岳父岳母送禮，是川西在雨水節氣的另一項主要民俗。每到雨水節氣，出嫁的女兒們就會回娘家，而女婿則要準備送禮品。禮品通常是兩把籐椅，籐椅上纏著一丈二尺長的紅帶，稱為「接壽」，意在祝岳父岳母長命百歲。除了「接壽」，另外一個禮品則是「罐罐肉」，就是用砂鍋燉了豬腳和雪山大豆、海帶，再用紅紙、紅繩封好罐口後送給岳父岳母，以此來表達對岳父岳母將女兒辛辛苦苦養育成人的謝意。

如果是新婚的女婿送禮，岳父岳母還要回贈雨傘，為的是女婿外出奔波時能夠遮風擋雨，祈福女婿一生都能平安順利。

含蓄的中國人，以這種方式來表達岳父岳母與女婿間的情感，就像「雨水」時節的春雨給世人的饋贈一樣。禮物本身雖不貴重，卻傳遞著長輩與晚輩之間的深情厚意。

元宵節的由來與習俗

在雨水時節，會穿插一個對中國人來說極為重要的節日，那便是元宵節。元宵節，又稱為上元節，也有小正月、元夕或燈節的說法。它是春節過後第一個重要的傳統節日。因為正月在農曆中又被稱為元月，且古人稱夜為「宵」，所以作為新一年中第一個月圓之夜的正月十五之夜，也就自然被冠以元宵這個名字了。

相傳早在西漢時期，中國人就有了過元宵節的習俗。到了東漢時期，因為漢明帝崇尚佛教，而佛教有正月十五點燈敬佛的做法，所以漢明帝就下令元宵節這天夜晚要在皇宮內外點起燈火，這種禮佛點燈的儀式正是現如今元宵節觀燈的前身。

關於元宵節的來歷，有這樣一個美麗的傳說。漢武帝時，有位叫東方朔的大臣，他心地善良，足智多謀，有一年他為了幫助一位叫元宵的宮女與家人團聚，便放出傳言，說到了正月

十五火神君會奉玉帝旨意火燒長安城。皇帝知道此事後急忙與東方朔商議，東方朔便說出了製作湯圓供奉火神君，全城張燈結綵欺瞞玉帝的想法。到了正月十五這一天，長安城果然到處張燈結綵，元宵也趁著家人進城觀燈，得以與父母相聚。後來人們為了紀念這一天，便命名正月十五為元宵節。

　　如此動人的傳說，反映出中國人骨子裡的善良。中國的每一個傳統節日，幾乎都有美麗的傳說，而在每一個傳說的背後，都包含著中國人對真善美的嚮往和憧憬。元宵節除了吃元宵、賞花燈、猜燈謎外，還有許多有趣的習俗。

　　到了元宵節，人們要祭門、祭戶。具體方法是，在門上插楊樹枝條，在門前放上酒肉或豆粥。而養蠶的人家還要熬上一大鍋粥「逐鼠」，做法是將粥放在老鼠出沒的牆角、棚頂等處，據說這樣做，老鼠就不會偷吃蠶寶寶了。

　　元宵節還有「送花燈」的習俗。到了元宵節，父母會送花燈給剛出嫁的女兒，祈福女兒婚後福星高照、早生貴子；普通親友也會送燈給新婚未育的夫妻，因為「燈」與「丁」諧音，送燈有「添丁」的寓意。

　　在民間，舞龍燈、高蹺會同樣也是元宵節必不可少的民俗

活動。龍是中華民族的圖騰，是吉祥的象徵，舞龍燈便也有了喜氣祥和的寓意。高蹺會是群眾自發組織的活動，當人們成群結隊踩著高蹺走上街頭，遠近的住戶便知道今年的元宵節活動又開始了。通常踩高蹺的人們會在正月十五正式上街，活動會持續到正月十八。

元宵節的慶祝活動各種各樣，總離不開祥和喜慶。綵燈高懸，龍燈舞動，高蹺隊穿著戲服走上街頭，那場面別提多熱鬧了。

迎紫姑也是元宵節的習俗之一。紫姑也叫戚姑，北方也稱廁姑、坑三姑，是民間傳說中的「廁神」。古代中國人在正月十五夜間，會在廁所間或豬欄前迎接紫姑的肖像或女子扮成的紫姑，並進行祭祀。

此外，古代中國人還有元宵節「走百病」的習俗。走百病也叫走橋、游百病、散百病等，是一種消災祈健康的活動。婦

女們會在夜晚相約出遊，見橋必過，以求祛病免災，健康長壽。

雨水花信風

　　根據《二十四番花信風》中的記載可知，雨水這一節氣，一候菜花、二候杏花、三候李花。

　　每年望春花開過，就到了雨水這一節氣。屆時盛開的，正是油菜花。這種草本植物在長江流域及其以南各地種植最多，其菜籽搾出的油更是十分重要的食用油之一。油菜花是典型的十字花科，其花小，且花莖分枝多，所以在盛開時會呈現花團錦簇的壯觀景象，遍地的金黃色，像極了和暖的陽光。

　　油菜花開後五天，就是杏花開放的時候了。陸游的詩句「小樓一夜聽春雨，深巷明朝賣杏花」寫的就是杏花在雨水時節開放的情景。杏如桃李，在中國享有極高的美譽。

　　在中國歷史上，有一個關於「杏林」的傳說：三國時期，吳國有一位醫生名叫董奉，家住廬山。他常年為人治病，卻不收報酬。每治好一個重病患者，他就讓病人在山坡上栽五棵杏樹；治好一個輕病患者，只要栽一棵杏樹。因此找他看病的人極多，幾年之後，廬山一帶已經有十萬多棵杏樹了。樹上的杏

子成熟後，董奉又將杏子變賣換成糧食，用來賑濟貧苦的百姓。因為董奉的義舉，「杏林」的故事流傳了下來，此後中醫學界就有了「杏林」之稱。此外中國古代還把教育界稱為「杏壇」，因為孔子曾在杏壇講學。

　　除了美名之外，杏花還以豔麗之名行遍天下，因此時至今日人們仍會用「紅杏出牆」來揶揄那些婚外偷情的女子。就連在《西遊記》中，也有杏仙勾引唐僧的故事。儘管在歷史上人們對杏花毀譽參半，但這顯然只是人類浮想聯翩罷了。杏花依舊香溢初春，杏子依舊碩果纍纍，而中國人也依舊在享用著它們帶來的那一份甜蜜和美好。

　　在杏花開過後，李花開放的時節也隨即到來。在古人眼裡，桃、李向來齊名，只因桃花惹眼，才顯得李花略為黯淡而已。明末清初的文學家李漁認為，李花「甘淡守素」、「未嘗以色媚人」，所以更喜歡直呼李子、李花為「吾家果」、「吾家花」，並借李花的「色不可變」來讚揚人世間堅貞守一的品格。這樣的評價，也算是為李花正名了。

雨水結語

　　不論是淅淅瀝瀝還是朦朦朧朧，春雨總是能夠讓人喜，也讓人愁。喜的是一年的收成就在這春雨中有了一個最好的開端，而愁的，倒不是那種無以為繼的愁苦，而是一種古人特有的閒愁。要知道，世間太多美麗的故事，就因這閒愁而起。

　　作為節氣的「雨水」，不僅為中國人的農耕勞作拉開了序幕，也給中國人的愛恨情愁染上了一層淡淡的詩意。當一篇又一篇浸潤著雨水和泥土氣息的文章躍然紙上的時候，我們當然有更多的理由去期待這個飄著雨點迎面而來的日子了。

驚蟄：春雷陣陣，萬物生長

微雨眾卉新，一雷驚蟄始。

一聲驚雷，喚醒了大自然中沉睡的萬物，欣欣向榮的春日畫卷徐徐向人們展開。驚蟄意味著萬物復甦，意味著春耕和農忙，當世界真正「熱鬧」起來，春天也由此開始。

每年的三月六日或五日，太陽運行至黃經三百四十五度時，二十四節氣之一的驚蟄如期而至。

關於這一點，《月令七十二候集解》中的解釋顯得極為傳神：「二月節，萬物出乎震，震為雷，故曰驚蟄，是蟄蟲驚而出走矣。」雖然「驚蟄」有雷聲驚動蟄蟲的意思，但蟄蟲們實際上是聽不到雷聲的，大地回春氣溫上升，才是它們結束冬眠「驚而出走」的真正原因。

驚蟄三候

古人將驚蟄分為三候：「一候桃始華；二候倉庚鳴；三候鷹化為鳩。」說的是驚蟄時節會有桃花盛放，而這無疑也是踏青春遊的最佳時節；五天後，就是倉庚鳥（即黃鸝）開始鳴叫

的時候了；再過五天，鳩鳥也將成群地出沒於山野林間。至於所謂的「鷹化為鳩」，則是在說鷹到了驚蟄節氣就變成了鴿子。很顯然，這是中國古人對鷹與鳩的生活習性不夠熟悉而造成的「誤會」。

在驚蟄前後，絕大多數的動物都開始繁殖，但是鷹更習慣躲起來悄悄繁育後代，人們在看不見鷹的蹤影就誤把四處鳴叫求偶的鳩當成了鷹。中國自古就有「鯤鵬之變」的神話，這些「美麗的誤會」作為中國人非凡想像力的結晶，也滋養了一代又一代中國人文學和藝術創作的土壤。

驚蟄農事與民俗

所謂「春雷響，萬物長」。正值「九九豔陽天」的驚蟄時節，氣溫的回升已成不可逆轉的趨勢。除了東北、西北等部分地區外，絕大多數地區的平均氣溫都已升到攝氏零度以上，到處是一派生機盎然的景致。勤勞樸實的中國人自古以來就十分重視驚蟄節氣，將其視為整個春耕活動的開始。在唐代詩人韋應物的作品中，就有「微雨眾卉新，一雷驚蟄始。田家幾日閒，耕種從此起」的詩句。農諺中也有「過了驚蟄節，春耕不能歇」、

「九盡楊花開，農活一起來」等說法。這一時節，華北地區的冬小麥開始返青，江南地區的小麥則已經拔節，還有南方各地開滿的大片油菜花，在這時對水、肥都有著很高的要求。儘管一年的繁忙由此開始，但農民的心裡卻溢滿喜悅。因為春忙意味著秋收，此時的繁忙能換來秋收時的收穫。

除了春耕農忙，民間的俗諺裡還有「春雷驚百蟲」、「桃花開，豬瘟來」的說法。防治蟲害和病疫，同樣是驚蟄時節極為重要的事。

到了驚蟄這一天，中國各地往往還會展開各具特色的民俗活動，其中歷史最久且流傳至今的莫過於山西民間的吃梨習俗。雖然這一習俗從何時開始已很難考證，但祁縣一帶自明清以來就有眾多農民以種梨為業倒是一個不爭的事實，發展至今更是成了「國家級優質酥梨基地」。無論城市還是鄉村，選在這一天吃梨，已經是山西人最普遍的一種習慣了。

晉代陶淵明有詩云：「仲春遘時雨，始雷發東隅。眾蟄各潛駭，草木縱橫舒。」以這首晉詩來配晉地的習俗，恐怕是再合適不過的了。到了驚蟄時節，「草木縱橫舒」的山西地區正處於乍暖還寒的氣候環境中，能在這樣乾燥的天氣裡吃上一口

梨子，不僅口味清新，還有潤肺止咳、滋陰清熱的功效呢。

驚蟄時節氣溫進一步轉暖，各家各戶忙著耕田。自清代雍正
皇帝起，每年二月初二還會由皇帝親自主持耕田儀式，以起到表率和
敦促作用。

　　關於驚蟄吃梨的民俗，祁縣還有一個代代相傳的故事。說
的是聞名海內外的晉商渠氏家族，其先祖渠濟是上黨長子縣人，
在明代洪武初年帶著信、義兩個兒子，用上黨的潞麻與梨倒換
祁縣的粗布、紅棗，往返於兩地間從中盈利，在有了一定的積
蓄後總算在祁縣定居下來。雍正年間，其十四世孫渠百川在驚
蟄這一天走西口，他的父親先是拿出梨子讓他吃，隨後講起了
祖先販梨創業時的艱辛，提醒他千萬要繼承先人們的努力，用
更大的成就光宗耀祖。

　　此後，渠百川走西口經商致富，將開設的字號取名「長源厚」。他的事跡也引得後來走西口的人紛紛仿效，又因為梨與「離」字同音，所以吃梨就有了「離家創業」的意思，後人選擇在驚蟄這一天吃梨，應該也有「努力榮祖」的美好寓意。

　　都說驚蟄是「春雷驚百蟲」，所以在各地關於驚蟄的民俗中，還有很多不同的除蟲儀式。比如湖北的土家族就有所謂的「射蟲日」，驚蟄的前一天為射蟲日，當地人會在這天晚上，在田裡畫出弓箭的形狀，以模擬射蟲的儀式；浙江寧波還沿襲著「掃蟲節」，就是在田間地頭插上掃帚，以此來掃除所有妖魔鬼怪、疾病、晦氣以及蟲害；而山東的一些地區，則是要在驚蟄這一天裡在庭院中生火烙煎餅，用煙熏火燎的方式祛除各種害蟲；還有愛吃炒豆的陝西人，他們會在驚蟄時節用浸泡過鹽水的黃豆作為食材，在鍋中爆炒發出辟啪之聲，以此來寓意蟲子在鍋裡受熱時發出的聲音。

　　最有趣的則要數廣西瑤族了，他們世代流傳著驚蟄日吃「炒蟲」的習俗。當然這裡的「蟲」並不是真的蟲子，而是玉米。等到「蟲」被炒熟後，全家人要圍坐在一起，邊吃邊喊「吃炒蟲了，吃炒蟲了」，甚至還會組專門的「吃炒蟲」比賽。如

果有誰吃得又快又響，那麼這個人就為消滅害蟲立了大功。

祭白虎化解是非，打小人驅趕霉運

在驚蟄這天，廣東、香港等地還有祭白虎、打小人的習俗。在廣東地區的傳說裡，白虎是代表口舌、是非的凶神，每到驚蟄，都會出來找吃的。一旦誰冒犯了白虎，接下來的這一年，他就會遭到小人的算計，其前程發展也會有百般不順。為了躲避禍害，很多人都會在驚蟄這天「祭白虎」。

祭白虎的儀式是這樣的，人們會供奉一種用紙繪製而成的老虎（這種紙老虎一般為黃色黑斑紋，嘴角處還畫有一對獠牙），在祭拜時一定要用肥豬血餵它，「白虎」吃飽後才能保證不再出口傷人；另外，還要把肥膩的生豬肉抹在「白虎」嘴上，這樣它就滿嘴油水，無法再開口說人是非了。

「打小人」的活動其實全年都可以進行，但多數人都習慣在驚蟄這一天做。據說「打小人」的前身是驚蟄的驅蟲活動。因為到了驚蟄冬眠的蛇蟲鼠蟻就會甦醒過來，家中的爬蟲走蟻也會應時而動、四處覓食。為了將它們驅殺乾淨，古時中國人會在驚蟄這天以香味驅趕蛇、蟲、蚊、鼠和霉味，通常的做法

是用清香和艾草熏家中四角。時間久了，人們從這種驅蟲的活動聯想到驅逐、報復小人，形成了如今在驚蟄這天「打小人」的民俗。

具體來說，「打小人」的用意可分為預防小人和報復對頭兩種。做法就是委託神婆、道士等，把紙剪成人形，紙上寫著對頭的資料（如沒有對頭就不寫），然後用鞋子或其他物品毆打紙人，以達到「打小人」的目的。

「打小人」一般會在陰暗的地方進行，比如橋底。在香港，銅鑼灣及灣仔之間的鵝頸橋是「打小人」的熱門地點。每到驚蟄時節，橋下都會聚集大批群眾，他們有的是以「打小人」為業的神婆，有的則是前來「打小人」的市民。需要指出的是，這種「打小人」的儀式並不是惡毒的詛咒，人們在這種類似巫術的儀式中尋求的只是心理上的慰藉。

二月二，龍抬頭

驚蟄時節，中國人還會迎來一個具有特殊含義的日子，那就是二月二。在民間，素來就流傳著「二月二，龍抬頭」的俗諺。根據史料中的記載可知，早在唐朝時起，中國人就已經開

始歡度二月二了。在北方的絕大多數地區，二月二又被人稱為「龍抬頭日」或「春龍節」，在南方則又被稱為「踏青節」或「挑菜節」。

在中國古代傳說中，龍是主管雲雨的神靈，而二月初二正是蟄龍升天的日子。這些傳說的由來與氣候變化有關。到了農曆二月初，很多地方通常已進入雨季。尚不知道科學為何物的古時的中國人，自然就以為春雨是「龍」的功勞。

此外，「二月二，龍抬頭」還有天文學上的解釋。古時中國人用二十八宿來表示日月星辰的方位，並依據它們在天空中位置的變化來判斷季節。二十八宿又按照東、南、西、北四個方位分為四組，稱為「四象」，每組各有七個星宿。東方七宿分別為角、亢、氐、房、心、尾、箕，它們組成的星象像一條龍，因此被稱為東方青龍。其中角宿正處在龍角的位置，因此又被稱為「龍角星」。每當進入農曆二月，到了黃昏時分「龍角星」就會在東方的地平線出現，因為整條龍的身子並沒有出現在天空中，而是隱沒在地平線之下，所以人們才把這個時間段叫作「龍抬頭」。

由於二月二與龍的傳說有關，再加上「驚蟄一犁土，春分

地氣通」的農耕常識，古時的農家在這一天往往有很多講究。人們把最為純樸美好的願望寄託其中，並以此祈盼新一年能夠過得幸福美滿。

在二月二這天，為取吉利之意，中國人將很多飲食都冠以了「龍」的名號，比如吃米飯會被說成「吃龍子」，吃水餃會被說成「吃龍耳」，吃麵條會被說成「扶龍鬚」，吃餛飩會被說成「吃龍眼」……更有手巧的中國人會在蒸餅上做出龍鱗的形狀來，稱之為「龍鱗餅」。

美味的食物配上美麗的名字，把中國人的智慧展現得淋漓盡致，而這一份智慧中所蘊含著的祈龍賜福以保風調雨順、五穀豐登的美好願望，也再次折射出中國人心地中的那一份純樸、善良、光明和溫暖。

為表示對龍的敬重，二月二這天還有很多世代流傳的禁忌。在元末熊夢祥撰寫的《析津志》中，就有這方面的詳細記載：「二月二日，謂之龍抬頭。五更時，各家以石灰於井畔週遭摻引白道，直入家中房內，男子婦人不用掃地，恐驚了龍眼睛。」時到今日，民間還流傳著二月二不能做針線活的說法，那是因為龍會在這一天觀望天下，而針線可能會刺傷龍的眼睛，所以

婦女們都會在這一天放下手中的針線活，甚至不能清洗衣服，以防傷了龍皮。

另外，二月二這天還是舊時中國的開學日期。按照舊俗的規定，凡在二月二這天入學的兒童都要行開筆禮，作為正式學習的儀式。所謂的「開筆禮」，其步驟包括拜孔子像、由先生講授人生最基本的道理、贈送文房四寶等內容。古時的讀書人通常要行四禮，即開筆禮、進階禮、感恩禮和狀元禮，其中開筆禮作為人生中的第一次大禮，往往更受重視。

二月二還有一項重要的習俗是「接姑娘」。直到今天，民間還有「二月二，接姑娘」的說法。之所以這樣，是因為很多地方的風俗中，已經嫁人的女兒在正月裡都是不能住在娘家的，即便是在正月初二到娘家拜年後也必須當天趕回婆家住。只有到了二月初二這一天，娘家人才可以來接女兒回去住上幾天。「接姑娘」看上去不過是把女兒接回娘家，但這其中包含著的骨肉親情，是傳統的中國人最為重視和倚賴的情感關係。

民間素有「二月二剃龍頭」的說法。古人認為在這一天理髮會使人福星高照、精神煥發，因此有「二月二剃龍頭，一年都有精神頭」的民諺。每逢二月二這天，大大小小的理髮店便

顧客盈門，一方面是人們爭著來剃龍頭求好運，另一方面則是
因為民間流傳著「正月剃頭死舅舅」的說法，所以很多人在臘
月理過髮後，一個月都不會光顧理髮店，而是搶在二月二剪頭
髮。

在二月二這一天理髮，叫作
「剃龍頭」。按照民間的習俗，正月裡
人們不剃頭，因此理髮店也大多歇業，
到二月初二才開門，馬上就可迎來大批
顧客。

驚蟄花信風

　　驚蟄的花信風為：一候桃花，二候棠梨，三候薔薇。

　　作為中國人最為喜愛的花卉之一，桃花在古人的心中有著
特殊的地位，在歷代文學作品中更是頻頻出現、屢見不鮮。從
《詩經》中的「桃之夭夭」到崔護筆下的「人面桃花相映紅」，

從《史記》中的「桃李不言，下自成蹊」到羅貫中為我們虛構的「桃園三結義」，桃花總是扮演著重要的角色。和牡丹一樣，桃花也是傳統花卉，不僅其花美觀大方，其果實更是上等的美食佳品。

自古以來「仙桃」的說法，便是極好的證明。《荊楚歲時記》中記載了南朝楚地與桃相關的風俗：「元日服桃湯。桃者五行之精，厭伏邪氣，制百鬼。」說的是桃除可觀、可食之外，還有辟邪的功效。而從古至今，每到桃花盛開的時節，觀賞桃花就成了最常見的一種戶外活動。

桃花開過五天後，棠梨也如期盛開。棠梨，也叫「甘棠」，在《詩·國風》裡就有《甘棠》一詩。詩中講述了召伯奉命南巡，所到之處不佔用民房，只在棠梨樹下停車駐馬、決獄聽政，搭棚休息，人們思念召伯美政勸人勿伐甘棠樹以為紀念。因此，枝繁葉茂的甘棠也是美政的象徵。

棠梨開過五天後，就到了薔薇開花的時候。薔薇是所有薔薇科花卉的總稱，像我們最熟悉的月季、玫瑰就都屬於這一科，而人們通常所說的薔薇，其實更多的是指黃薔薇和野薔薇。雖然薔薇的名字、外觀和象徵物都很洋氣，但其實早在西漢時期，

就已經有栽培薔薇的歷史了。

　　《賈氏說林》有這樣一則記載，說的是漢武帝與麗娟在園中觀賞盛開的薔薇。漢武帝慨歎薔薇的美態勝過美女的笑容，麗娟卻反問他：笑容是能夠買賣的東西嗎？在得到漢武帝的肯定答案後，麗娟便命人取來黃金百斤作為買笑錢，要換得漢武帝的一日歡愉。也因為這個典故，薔薇多了個「買笑」的別名。

　　在中國人的觀念裡，桃花象徵吉祥如意，也常被用來比喻女性的美貌、美德；「桃花運」則成了異性緣的代稱，象徵著意外收穫的愛情。

驚蟄結語

　　我們都知道二十四節氣是反應自然氣候變化的一種曆法，是中國人以獨有的視角去表現四季當中「天、地、人」活動與變化的大智慧。有趣的是，驚蟄是二十四節氣中唯一一個專屬於「萬物」的節氣，而不只屬於「天、地、人」中的一種。也正是因為有了這樣一個節氣，我們才能說二十四節氣完整地展現了中國人眼中的世界。

　　在中國人的心中，世界的構成就是「天、地、人、萬物」，且缺一不可。對於凡事講求和諧之美的中國人而言，這世上沒有一樣事物是不值得敬重的。在這種觀念的潛移默化下，中國人的內心始終保持著溫良平和。時至今日，這樣的智慧仍然流淌在每個中國人的血液裡，指引著我們去觀察和面對大千世界。

春分：春分麥起身，一刻值千金

到了春分這一天，無論是在哪個半球的哪個國家、哪個地區，白天和夜晚都是各佔十二個小時，晝夜被平分。正因為如此，春分在古時又被稱為「日中」、「日夜分」，即晝夜平分的意思。這一天，太陽從南迴歸線向北抵達赤道，也就是通常所說的太陽位於黃經零度的位置。關於春分這一節氣，《明史·歷一》中的解釋是：「分者，黃赤相交之點，太陽行至此，乃晝夜平分。」

除了平分晝夜外，春分還有另一層意思。在《月令七十二候集解》中有關於春分的解釋：「二月中，分者半也，此當九十日之半，故謂之分。秋同義。」說的是春分發生在農曆二月中旬，春天在這一節氣時剛好過了一半，所以也有平分了整個春季的意思。

春分三候

中國古代將春分分為三候：「一候元鳥至；二候雷乃發聲；三候始電。」所謂的「元鳥」，其實就是燕子，春分過後燕子

就會從南方飛回北方；再過五天，因為陽氣日漸旺盛，春雷也開始發出震耳欲聾的聲響；再過五天，甚至都能看見閃電了。

春分到了，又是一個忙碌的時節，中國南方地區已經可以開始插秧了。在這一天裡，畫夜平分，此後白天就一天比一天長。溫暖與希望，更近了。

春分農事與養生

到了春分時節，陰陽各半，寒暑平分。除了青藏高原、東北、西北和華北北部的少數地區外，全國的大多數地方都已進入明媚的春天。和風日暖下的大好河山，也正式進入了春耕大忙的時節。農諺中有「二月驚蟄又春分，種樹施肥耕地深」的老話，就是在提醒農家人到了春分時節會有繁多的農事要做。

除此之外，春分還是植樹造林的好時機，古詩句「夜半飯牛呼婦起，明朝種樹是春分」說的就是農耕遍野，植樹造林的繁忙景象。

在中國中部地區，此時越冬的小麥已經結束返青，進入春季生長階段，因此當地有「春分麥起身，一刻值千金」的說法。而在南方，則完全是另一番景象。南方的大多數地區此時的平均氣溫已達到十二度以上，江南地區的降水也迅速增多。在進入春季的「桃花汛期」後，南方到處都能看到在稻田里插秧的農民的身影。一場春雨一場暖，這就要求農民們必須趁著眼前的大好春光努力勞作，做好春管、春耕、春種等工作，這樣才能確保擁有一個豐收之年。

特殊的節氣除了影響農業生產，也對人體保健有著重大意義。中醫養生學對平衡尤為看重，古時中國人認為只有將平衡法則與精神、飲食、起居等各個方面融會貫通，才能達到修身養性、自我保健的效果。

由於春分節氣平分了晝夜與寒暑，是平衡點，所以在春分時節保健養生，要更加注重人體的陰陽平衡。正如《黃帝內經·素問·至真要大論》中所說：「謹察陰陽所在而調之，以平為

期」，意在說明人應該根據自己的陰陽狀況，使身體的各個器官及功能實現和諧統一，讓「供銷」關係保持平衡，避免不當飲食、運動對人體內外環境的平衡造成破壞，並降低器官損傷和生理失調，從而達到預防疾病、延長壽命的目的。

　　春分養生主要有三大注意事項：一要平抑肝陽，二要健脾益氣，三要育腎養陰。還有六項原則：一早起早睡以養肝，二防止舊病復發，三不要過早減衣，四每天梳頭百下，五少吃補品和鹽，六多吃韭菜香菜。以上種種，都是基於陰陽平衡的養生理論，相信按此方法進行春分養生，一定能起到強身健體的效果。另外，俗語還常說「春分風不小，要防痛深擾」，意思是立春前後風大，遇到大風天一定要減少戶外活動，防止受涼。

　　在飲食方面，春分養生也應當以保持機體功能平衡為重點，切忌偏熱、偏寒、偏升、偏降的飲食誤區，在烹製魚、蝦、蟹等寒性食物時，必須添加蔥、姜、酒、醋溫性作料，中和菜餚本身的寒性；而在食用韭菜、大蒜、木瓜等助陽性菜餚時，也應該搭配蛋類等滋陰的食品，這樣才能達到陰陽互補的目的。

祭日儀式

春分早在周代就有了慶祝的儀式——祭日。到了明代，山東的一些地方更是要在這一天栽植樹木、釀造春酒。《文水縣志》中就有「春分日，釀酒拌酷，移花接木」的相關記載。

也許是因為起源較早，祭日儀式成了中國古人在春分時節最為隆重的活動。對於《禮記》中「祭日於壇」的記載，孔子的後人孔穎達在其註疏中給出了「謂春分也」的最高肯定。這一習俗經過歷代沿襲相傳，在明、清兩代發展到了前所未有的規模。在清代潘榮陛所著的《帝京歲時紀勝》中，就有「春分祭日，秋分祭月，乃國之大典，士民不得擅祀。若以照臨恩當思報之，習俗雲可。」的相關記載。

在明、清兩代，用來祭日的地點就設在日壇。祭日儀式的時間定為春分當日的卯時左右，每逢甲、丙、戊、庚、壬年份，皇帝都要親自前來祭祀日神（太陽神），其餘的年份則由官員代為行事。祭日儀式的規模與重要程度雖然比不上祭天、祭地大典，但儀式也是極為隆重的。明代的皇帝在祭日時會「奠玉帛，禮三獻，樂七奏，舞八佾，行三跪九拜大禮」；清代的皇帝則更為誇張，要進行「迎神、奠玉帛、初獻、亞獻、終獻、

答福胙、車饌、送神、送燎」等九個步驟，整個過程極其繁複。

　　到了近代，每逢春分時節，民間也有了自己的祭日活動。雖然遠不如古代時皇家禮儀的氣派、繁複，但也是嚴肅有加、虔誠倍增的。老北京人在這一天會為太陽神供奉一種名為「太陽糕」的食品，這是一種用大米面和綿白糖蒸成的圓形小餅，上面印著一隻傳說中的雞神。在這一天的天亮時分，家家戶戶便開始了各自的祭祀活動。太陽糕被整整齊齊地擺放在盤中，放在供桌的中央，盤子前面還要擺上一尊燒著高香的銅香爐，然後一家人再按照輩分的大小次序，面向東方肅然跪拜，以此來報答太陽神的恩惠福澤。

太陽糕是人們祭日時吃的食物，上面印著雞神圖案；也有些糕點鋪不用印的，而是先把江米捏成小雞形狀，再插在糕上。

時代發展到了今天，當初的祭日活動早已不復存在，日壇上用於祭祀的壇台也已經蕩然無存，只有太陽糕因為甘甜味美而流傳到了今日。當日壇成為如今供遊人休閒娛樂的公園後，不知那些到此遊玩的人是否聽說過當年祭日儀式上的壯觀景象呢？

傳遍世界的奇趣民俗——豎蛋

春分是玩「豎蛋遊戲」的最佳時節。中國自古就有「春分到，蛋兒俏」的說法，而到了現今，每逢春分之日，全世界都有無數人嘗試著把雞蛋豎立起來。這一古老的中國習俗會成為一種世界範圍的遊戲，讓人覺得不可思議。豎蛋遊戲玩法簡單，趣味性卻很強，因此受到了大眾的青睞——在春分這一天，只要選擇一個光滑勻稱、剛生下四五天的新鮮雞蛋，再將它豎立起來，就大功告成了。

為什麼要選擇在春分這一天玩豎蛋遊戲呢？因為人們認為雞蛋在這一天裡更容易豎立起來。有人還試圖用現代科學解釋這件事：春分這天是南北半球晝夜等長的日子，太陽直射赤道，此時呈六十六點五度傾斜的地球地軸與太陽引力方向處於一種

相對平衡的狀態，地球的磁場也相對穩定，這對將蛋豎立起來十分有利。但也有人認為，雞蛋在任何時候立起來的難度都一樣，只不過眾人已經習慣在春分玩這個遊戲。不管上述說法哪個是真，豎蛋確實有一個找平衡的小技巧：雞蛋看似平滑，實則手感略顯粗糙，這是因為蛋殼表面有許多突起的「小山包」。這些「小山包」差不多0.03毫米高，彼此之間的距離大概在0.5到0.8毫米左右。這樣當雞蛋豎起時，它的底部很容易有三座「小山包」構成的一個相對穩定的三角形，當這個三角形與雞蛋的重心形成垂直角度時，這個雞蛋就可能被成功地豎起來。說到這裡，想必很多人都已經迫不及待地要試試手氣，別急，還是等到春分時跟大家一起玩吧！

其他民俗

春分時節，廣東、福建、江西等地的客家人還會展開掃墓祭祖活動。這是客家人極為重要的一項傳統習俗，因此馬虎不得。掃墓前，祭祀的人先要在祠堂舉行祭祖儀式，殺豬、宰羊固不可少，請鼓手吹奏、由禮生念祭文以及帶引行三獻禮也是其中必不可少的環節。這時的掃墓儀式，通常要全族乃至全村

人出動，人數動輒幾百甚至上千人之多。人們先要祭掃開基祖和遠祖墳墓，然後再分房祭掃各房祖先墳墓，最後才是各家祭掃家庭私墓。

大部分客家地區在春季祭祖掃墓時都有一個不成文的規定，那就是宜早不宜遲，最遲也要趕在清明節前掃完。因為客家人有「清明過後墓門關閉」的說法，所以拖到那時再掃墓的話，恐怕祖先的英靈就收用不到後人的供品和錢財了。

除了祭祖，客家人在春分前後還有一個特定的民俗節日，那就是二月十五的開漳聖王誕辰。開漳聖王又被稱為「陳聖王」，即唐代的武進士陳元光。因其對漳洲有功，所以死後就成了漳洲一帶的守護神。後來，漳州移民又將這一習俗帶入了台灣，因此閩台兩地都會在每年的農曆二月十五對開漳聖王進行隆重的祭拜活動，以表達自己的崇敬之情。

除了上述活動，舊時的中國人在春分這一天還有「吃春菜」、「送春牛」、「粘雀子嘴」、「放風箏」等習俗。這裡的「春菜」更多的是指一種野生莧菜。「野莧炒食，比家莧更美。」早在清代的《植物名實圖考》中，這種野生植物就已被列入美食之選。

　　至於「送春牛」，則是送所謂的「春牛圖」了，送圖的通常是些能言善道的人或者乞丐，他們在春分這天挨家挨戶地送「春牛圖」討賞錢，再說些讓人高興的吉祥話。

　　「粘雀子嘴」也是一項有趣的習俗，指的是到了春分，農家人要吃湯圓，還要把一些沒包餡的湯圓煮好並放在田間地頭，名曰「粘雀子嘴」，祈禱雀子在新的一年不要來偷吃莊稼。

　　另外，春天是放風箏的好時節，尤其是在春分當天，連大人們也要放風箏，和孩子們一道感受美好的春光。

春分花信風

　　春分時節的花信風：一候海棠，二候梨花，三候木蘭。

　　海棠是栽培歷史極為悠久的名花之一，因其樹婀娜多姿，花開放時花團錦簇、豔麗無匹，又被稱為「國豔」、「花中神仙」。　自古以來，海棠就一直深受文人墨客的鍾愛。宋代李清照在其《如夢令》中就有關於海棠的千古佳句：「昨夜雨疏風驟，濃睡不消殘酒。試問卷簾人，卻道海棠依舊。知否，知否？應是綠肥紅瘦！」宋真宗更是專門題詩來盛讚海棠：「高低臨曲檻，紅白間纖條；潤比攢溫玉，繁如簇絳綃。」

　　除此之外，「解語花」、「斷腸花」、「相思草」等別名
也為海棠賦予了一層帶有悲劇色彩的美感。陸游和唐婉之間的
愛情，就是通過海棠渲染了淒美。兩人生離之際稱相贈的海棠
為「相思紅」，死別以後稱其為「斷腸紅」。那樣的情景，想
想就讓人落淚心傷。

　　海棠花開後，就是梨花的如約綻放了。梨花別名「玉雨
花」、「瀛州玉雨」，顧名思義，它的花瓣像玉一樣潔白。與
梅花、桃花、杏花、海棠等相比，梨花還有一個明顯的不同，
就是花蕊呈紅色。宋代黃庭堅在《次韻梨花》一詩中就有「桃
花人面各相紅，不及天然玉作容」的佳句，用以讚嘆梨花那與
眾不同的高潔素雅。

　　在梨花之後盛開的是木蘭，也就是俗稱的紫玉蘭，又名木
筆。作為一種原產於中國的古老花種，木蘭也一直深受歷代藝
術家們的喜愛。又因為花木蘭代父從軍的故事在民間廣為流傳，
所以木蘭也被用來指代女性。比如白居易就有「紫房日照胭脂
拆，素豔風吹膩粉開。怪得獨饒脂粉態，木蘭曾作女郎來」、「膩
如玉指塗朱粉，光似金刀剪紫霞。從此時時春夢裡，應添一樹
女郎花」等千古絕唱。雖說花木蘭是否確有其人早已不可考證，

但每每看到木蘭花開，人們最先想到的還是這位不讓鬚眉、孝心感人的千古奇女子。

　　海棠花嫵媚高雅，在中國文人眼裡有種難以言喻的仙氣。「斷腸花」、「相思草」的別稱固然悲涼，但錦簇的海棠花團帶給人們更多的仍是春的喜悅。

清明：清明時節雨紛紛

清明時節雨紛紛，路上行人欲斷魂。

一到清明，恐怕人們都會不由自主地想起這首詩吧。清明是一個能讓中國人肅穆起來的節氣。清明時節，世界各地的華人都會掃墓祭祖，以寄哀思。這個大約始於周代的傳統節日，至今已有兩千五百多年的歷史了。

清明為每年四月五日或四日，視太陽位置到達黃經十五度時開始。關於清明的來歷，《歲時百問》有這樣的解釋：「萬物生長此時，皆清潔而明淨，故謂之清明」。到了清明，冰雪消融，天清地朗，欣欣向榮，神州大地迎來一番全新的景象。

有意思的是，清明距冬至剛好一百零八天。在古人的觀念裡，這個數字代表著完滿、久遠、高深，所以能把清明放在冬至後的第一百零八天，本身就說明從冬至春要經歷這樣一個「大數」，至此萬物變得越發清潔明淨，在越來越和暖的太陽光照射下，天地間充盈著一股越發清新的陽氣。嚴冬已去，仲春正來，大自然處處生機勃勃，中國人又迎來了一個重要的節氣。

清明三候

古時的人，將清明也分為三候：「一候桐始華；二候田鼠化為鴽；三候虹始見。」意思就是到了清明時節，首先是桐花盛放枝頭；接著就是喜陰的田鼠在陽氣上升的情況下回到地下的洞中，而鴽鶉也在感受到日漸旺盛的陽氣後變得活躍起來；再過幾天，人們就能看見天上的彩虹了。舊時的中國人都認為彩虹是陰陽交會之氣，在純陰或是純陽的情況下都不會出現，而這也從另一個側面說明了清明時節的氣候確實清爽溫和。

時至清明，全國普遍進入氣候宜人的仲春。在江南地區，春雨淅瀝不停，「清明時節雨紛紛」便是詩人杜牧對於江南春雨的形象描繪。而在華南地區，此時的氣候也變得溫暖起來，濃濃的春意讓田園裡一派牧歌悠揚、楊柳依依的喜人景象。至於東北和西北地區，小麥在這時也進入了拔節期，隨著氣溫的明顯回升，即使是那些較為寒冷的地方也即將要開始春耕活動了。俗諺中有「明前茶，兩片芽」的說法，那是在告訴我們，此時江南地區的茶樹已經發出新芽，長勢正旺，名茶產區更是已經陸續開採。經由茶農辛勤的雙手，這些春茶即將成為這個季節裡的上等飲品。

春雨淅瀝，柳條生發，牧歌悠揚。清明時節，宜人的氣候和明媚的春光已經遍及大江南北。出門踏青的人多了起來，掃墓祭祖等活動也拉開序幕。

寒食的由來

說到清明的習俗，則需要從寒食說起。寒食，具體日期是在清明前一兩天的時候。

寒食相傳起於晉文公悼念介子推。相傳在春秋時代，晉獻公的妃子驪姬為了讓自己的兒子奚齊能夠順利繼位，就設下毒計謀害太子申生，逼得申生被迫自殺。申生的弟弟重耳為了躲避禍害，只好流亡出走。流亡期間，他受盡了屈辱和磨難，原

來跟著他一道出逃的臣子也只剩下了少數幾個忠心耿耿的人，其中就有一個名叫介子推的人。有一次，重耳餓得暈了過去，介子推為救主人，竟從自己的大腿上割下了一塊肉，用火烤熟了餵給重耳吃。

十九年後，重耳回國做了君主，也就是歷史上的晉文公。他對所有和自己同甘共苦的臣子都大加封賞，唯獨忘了介子推。直到別人在他面前提起介子推，他才猛地想起了那些往事，立即差人去請介子推上朝受賞封官。可是心灰意冷的介子推卻不願再見晉文公，背著年邁的母親躲進了綿山。眼看著再沒機會見到自己的恩人，晉文公只好聽從別人的建議，從三面放火燒山，逼迫介子推逃出山來。誰知大火燒了三天三夜，介子推卻始終沒有出來。等到火勢漸弱後，眾人上山才發現介子推母子抱著一棵燒焦的大柳樹，已經被燒死了。在樹洞中，還留下了介子推的一首血詩：

　　割肉奉君盡丹心，但願主公常清明。

　　柳下作鬼終不見，強似伴君作諫臣。

　　倘若主公心有我，憶我之時常自省。

　　臣在九泉心無愧，勤政清明復清明。

　　讀過這首詩後，晉文公更加後悔不已。為了紀念介子推，他下令把綿山改名為「介山」，並把放火燒山的這一天定為寒食，要求全國在每年的這一天裡都禁煙火，只吃冷食。到了第二年春天，晉文公又來到山上祭拜介子推時，發現介子推死時抱著的那棵柳樹已經發出新芽，好像介子推得到了重生一樣。見此情景，晉文公便命名這棵柳樹為「清明柳」，而銘記血詩教誨的晉文公也終於成了著名的春秋五霸之一。

　　到了唐朝的開元二十年（公元七三二年），唐玄宗詔令天下「寒食上墓」。又因為寒食與清明氣前後相接，所以清明後來也就逐漸演變成以掃墓為主的一項民間活動了。在每年的這個時候，人們在祭祀先祖的同時，也漸漸養成了只吃冷食而不生火做飯的習慣。北方人會食用事先做好的棗餅、麥糕等；而在南方，更多人則是習慣了吃些青團和糯米糖藕。

清明風俗

　　關於清明掃墓的起源，還有一個說法，據說是與古代帝王的「基祭」有關。所謂「基祭」，就是古時帝王封禪祭天地，其具體時間也是在每年的清明時節。在古代，皇帝登泰山築壇

祭天被稱為「封」，在山下辟基祭地被稱為「禪」。到了後來，隨著民間越來越多地仿效這一做法，清明祭祖掃墓也就漸漸成為中華民族的一個固定風俗了。

到了今天，掃墓已經是全世界中華兒女在清明必做的一項習俗。中國人無論走到哪裡，都會在這一天表達對祖先的「思時之敬」。關於清明掃墓的場面，明代的《帝京景物略》中有這樣的描述：「三月清明日，男女掃墓，擔提尊榼，轎馬後掛楮錠，粲粲然滿道也。拜者、酹者、哭者、為墓除草添土者，焚楮錠次，以紙錢置墳頭。望中無紙錢，則孤墳矣。哭罷，不歸也，趨芳樹，擇園圃，列坐盡醉。」

除了掃墓祭祖外，清明還流傳著踏青、蕩鞦韆、打馬球、插柳等一系列風俗活動。

踏青又叫春遊，古時還有探春、尋春等別稱。這一風俗在唐代逐漸形成，後經歷朝歷代的沿襲，如今已經成為中國人在清明時節的重要風俗活動之一。除了欣賞大自然的湖光山色、春光美景外，人們還可以在出遊時進行各種文娛活動，增添自己的生活情趣。

清明時節蕩鞦韆，也是一項十分古老的習俗。鞦韆最早被

稱為千秋，後來為了避諱才改名為鞦韆。古時的鞦韆多用樹的
椏枝為架，再拴上彩帶製作而成，後來逐步發展為兩根繩索加
上踏板的形式。每到清明時節，中國各地都會組織鞦韆大賽，
以此來增進友誼。

早在春秋時期，中國北方就有了鞦韆。後來，蕩鞦
韆這種遊戲在閨中、宮中的女子間流行起來，也成為人們在
節日裡的娛樂活動。

　　除了蕩鞦韆，打馬球也是一項重要的清明娛樂活動。所謂
打馬球，是指人騎在馬上，持棍打球，古時稱之為「擊鞠」。
三國時期的著名詩人曹植曾在其《名都篇》中寫下「連翩擊鞠

壞」的千古佳句。到了明代，馬球仍是當時最為流行的遊戲項目。《續文獻通考・樂考》中就記載了明成祖曾先後數次前往東苑擊球、射柳。

春天是放風箏的好時候，而到了清明時節，放風箏的人更多於以往。有的人還會故意在放飛風箏時把線剪斷，任憑清風把風箏送往天涯海角，據說這樣能除病消災，給自己帶來好運。

清明前後正值柳樹發芽，於是戴柳、插柳的習俗也逐漸成了清明節的又一個特色。

關於插柳戴柳習俗的起源，大致有四種說法。其中最古老的一種，相傳是為了紀念「教民稼穡」的農事祖師神農氏，後來逐漸被賦予了祈求長壽的寓意；還有一種說法是為了紀念春秋時的晉國大臣介子推，人們之所以插柳，是在替他「招魂」；第三種說法是唐太宗曾經賜給大臣柳圈，以示皇恩浩蕩，賜福驅疫；最後一種說法，則是與宋代的著名詞人柳永有關。

據說柳永生活放浪，常往來於花街柳巷，當時的歌妓無不愛其才華。一生窮困潦倒的柳永，就連死後的墓葬費用都是由那些仰慕他的歌妓集資湊成的。每年到了清明時節，這些歌妓還會到他的墳前插柳枝以表達自己的思念之情，久而久之也就

衍化成清明插柳的習俗了。

　　當然，柳永的故事只不過是後人的一種誤傳，因為插柳戴柳的習俗最晚在唐代就已經有了。當時的人都認為三月初三在河邊祭祀時，頭戴柳枝可以防止毒蟲的蜇咬。到了宋元時期，清明插柳的習俗更是變得空前盛行，人們踏青遊玩後，都會在家門口插上柳枝，以避免蟲疫的侵害。

　　清明時節，中國人還有植樹造林的習慣，甚至有人乾脆把這個節氣稱為「植樹節」。在清明時節植樹，極有可能與最早的插柳習俗有關，也有一種看法認為它起源於漢高祖時期。相傳劉邦曾常年在外征戰而無暇回鄉，直到做了皇帝才能夠回鄉祭祖。可是等到他返回家鄉後，卻差點找不到父母的墳墓，最後好不容易才在亂草叢中找到了。於是劉邦下令給父母修墳立碑，還在旁邊種植松柏作為標誌，免得以後找不到這裡。因為這天剛好是清明，所以劉邦就把清明定為祭祖之日。此後每逢清明，他都要回到故鄉舉行盛大的祭祖儀式，並大力推廣植樹活動。

　　後來這一習俗流傳到了民間，人們就把清明祭祖與植樹造林結合在一起，逐漸形成一種固定的民俗。到了一九一五年，

北洋政府把清明定為「植樹節」，直到新中國成立後，為了紀念偉大的革命先行者孫中山，才在一九七九年將其逝世的三月十二日正式定為植樹節。自此，民間的插柳、植柳習俗又多了一層新的意義。

　　除了上述風俗，清明還有一些禁忌，比如舊時的中國人在清明都講究不要使用針線，更不能清洗衣服，趕在傍晚之前，家家戶戶還要在大門前灑一條灰線，據說可以阻止鬼魂進宅。即便到了今天，在中國及東南亞地區也還流傳著一些各具特色的清明風俗。

山西清明民俗

　　在山西一帶，清明時節的祭祀活動有著與眾不同的一些風俗。比如晉南地區就有不能燒香也不能化紙的禁忌，人們只要將冥錢等物懸掛在墳頭就行。之所以這樣，是因為當地素有「清明墳頭一片白」的說法，其原因與寒食需要禁火的風俗有關；而在晉北地區，當地人卻要將冥錢等物全部燒盡，理由是不燒盡就傳不到先人的手裡；到了晉西北一帶，舊俗中還有上墳要帶酒水菜餚方能祭祀祖先的風俗，等到拜祭活動結束，後人必須在墳地裡把用來祭祖的東西全部吃掉，寓意是跟先人一起共

飲共食；在晉中一帶，上墳時的供品則必須是形如盤蛇的麵食才行，等到祭祀結束返回家中後，還要將麵餅放在院子裡吹曬成乾後再吃，因為在當地人看來，這樣做可以治病；至於晉南一帶，人們還要在清明蒸制大饃，中間夾上核桃、紅棗、豆子之類的食材，他們稱這種饃為「子福」，取子孫多福之意，此外家家還要製作黑豆涼粉，切成薄塊而食。

上海清明民俗

因為上海人的公墓多在蘇州、嘉興等地，所以每到清明時節，上海人都要趕往外地祭祖，場面好不壯觀。

飲食方面，上海人在清明要吃桃花粥，在掃墓和家宴上則習慣以帶魚作為食材。此外，青團也是上海人清明祭祖時不可少的供品。要製作這種美食，需要把雀麥草汁和糯米一起舂合，使草汁和米粉相互融合，然後再包上豆沙、棗泥等餡兒料，用蘆葉墊底後放在蒸籠內加工，這樣製作出來的青團往往色澤鮮綠、香氣撲鼻，是上海在清明時節最有地方特色的一種節令食品。

東南亞地區清明民俗

在東亞南地區，清明祭祖則與獨特的宗鄉會館文化密切相

關。早年闖蕩南洋的華人為了處理同胞的身後事,共同湊錢置地建起了「義山」(免費公墓),蓋起了大伯公(土地神)廟,以實現共同的祭祖願望,也由此逐漸形成了宗鄉會館這樣的海外華人組織。

新加坡華人人口約佔了全部人口百分之七十五,在這裡定居的華人後裔仍然按照傳統的方式祭掃。其中祖籍閩南的華人超過半數,他們在祭掃時仍然傳承著閩南地區的風俗。每到清明,新加坡華人會邀上自己的親戚朋友,結伴去祭掃。到了墓地後,人們通常先祭祀土地神,然後再祭祀各自的親人和祖先。祭祀時,不僅要點燃香燭、紙錢,還會在親人墓前擺上瓜果酒食,待磕頭行禮後,當場將這些食物吃掉。

而為了祭祀祖先,新加坡華人一般會準備「五牲」,一般包括蛤、螃蟹、雞、鴨等鮮美肉食。祭祀完畢後,人們要當場剝蛤吃掉,並把蛤殼丟在墳前,據說這樣做是為了告知九泉下的祖先,子孫已經掃過墓了。近年來,回國認祖尋宗、祭拜祖先漸漸在新加坡華人中興起。每逢清明前夕,祖籍在海南一帶的華人見面時,往往會問對方:「回屋(家鄉)做清明不?」

其他地區民俗

　　除了以上介紹的清明風俗，四川、浙江、江蘇等地也有富於地方特色的清明節活動。在四川，清明這一天有放水節，以紀念修建都江堰的李冰父子。當地人會到二王廟祭祀李冰父子，舉辦二王廟廟會，也稱為清明會。溫州人在清明這一天要吃一種翠綠糯香的綿菜餅（也稱清明餅），綿菜學名曲鼠草，是一種清明時節特有的野菜，做法是將綿菜揉入米粉中，再包上新鮮的菜餡兒，味道鮮香可口。

　　而在浙江一些地方有著「清明大似年」的說法，清明夜全家人一定要團聚吃晚餐，餐桌上的菜有包括炒螺螄、發芽豆、馬蘭頭、糯米嵌藕等，都有著不同的寓意。在泰州，當地的農家人在清明節還要舉行名為「撐會船」的划船比賽，而江蘇鎮江、廣西橫州人還會以柳葉泡茶，據說喝了可以明目。

清明養生小知識

　　到了清明時節，人體內的肝火之氣最為旺盛。按照中醫的理論，肝氣過旺會對脾胃產生不良影響，進而引發各種疾病。所以，清明時節養生應當注意保護脾胃，尤其不能隨便吃寒食。儘管清明與寒食關係密切，許多地方至今仍保留著禁火吃冷食

的習慣，但是並非所有人都適合吃冷食。要達到養生的目的，
人們在清明時節應適當進食地瓜、白菜、蘿蔔、芋頭等溫胃祛
濕的食品。此外，還可以多吃應季食物，因為這些食物符合自
然生長規律，氣味醇厚，富含人體所需的營養，如河蝦、田螺
和野菜、清明茶等都是清明時節的應季食物。

掃墓祭祖是中國人在清明最重要的活動。各地掃墓的風俗不
盡相同，但掃墓者對故人的懷念和哀思卻都是相似的。

　　清明是踏青的最佳時機，但值得注意的是，此時踏青不宜
運動量過大。尤其是那些平日裡活動較少的人群更要量力而行，
不要逞強從事登山活動，以免在體力透支引發更嚴重的疾病。

清明花信風

清明時節的花信風為：一候桐花，二候麥花，三候柳花。

桐花指的是桐花樹的花，其開放正值清明時節，因此被視為清明的象徵之花。桐花為白色，花朵較大，有五瓣。清麗淡雅的花色，加上清明的特殊寓意，使桐花也成為中國古代文人雅士的鍾愛之物。清明作為春季裡一個重要的節氣，本就令人百感交集，而桐花的盛開更給了文人們無限的靈感。一方面，

柳花是長在柳條上的綠色花穗，然而古人常把柳絮誤認為柳花。在明代仇英的這幅《捉柳花圖》中，孩童所捉的就是柳絮，而非柳花。

此時春意正濃，桐花的盛放無疑給天地間欣欣向榮的景象增添了一份美麗，令人讚嘆欣喜；但另一方面，到了清明，春天已經過去大半，這種春之將逝、風雨淒淒的景象，也難免讓人心生惆悵。且悲且喜的雙重意象，看在境遇各自不同的文人眼裡，自然就生出不一樣的感慨，寄託在桐花上，也就有了迥然不同的內涵。

耿湋《春日洪州即事》一詩寫道：「鍾陵春日好，春水滿南塘。竹宇分朱閣，桐花間綠楊」儼然一派春光明媚的喜人景色；施樞的《春夜賦小字》卻寫道：「岸桐花開春欲老，日斷斜陽芳信杳。東風不管客情多，杜鵑啼月青山小」，惋惜之情顯而易見。

桐花開後，就是小麥抽穗開花的時間了。麥花雖然不起眼，不是文人們歌頌賞玩的對象，但對農民卻有著非常重要的意義，因為小麥開花一個多月後，就是收穫的時候了。華北地區有「小麥清明拔三節」的說法，可見清明前後是這一帶小麥生長的絕佳時期。可以想像，當農民們看到小麥開花，該是怎樣喜悅的心情。

小麥開花幾天後，柳樹也開了花。中國古時有人把柳絮誤

認為柳花，事實上柳絮是柳樹的種子，真正的柳花是那些長在柳枝上的綠色「毛蟲」，這是一種穗狀花序。《本草衍義》上說：「柳華即是初生有黃蕊者也。及其華干，絮方出……然古人以絮為花，陶隱居亦曰：『花隨風、狀如飛雪，誤矣。』」

清明結語

總的來說，在廣袤的中華大地上，清明時節的自然氣象和人文景觀都極為引人注目。各地的清明習俗可謂不勝枚舉，也側面反映了清明對全世界的華人來說是何等重要的日子。儘管如今的中國人早已遍佈世界各地，但他們仍舊未忘本分，把中華文明和傳統代代傳承。

谷雨：走谷雨，祭倉頡

　　谷雨是二十四節氣中的第六個節氣，也是春季的最後一個節氣。到了谷雨，就意味著夏天已經指日可待了。當太陽到達黃經三十度的時候（四月二十日或十九日），就是谷雨。而「谷雨」一詞的由來，則源於古人「雨生百谷」的說法。《通緯・孝經援神契》中有「清明後十五日，斗指辰，為谷雨，三月中，言雨生百谷清淨明潔也」的說法，而《群芳譜》中也有「谷雨，谷得雨而生也」的相關闡述。

　　關於谷雨，《月令七十二候集解》中是這樣解釋的：「三月中，自雨水後，土膏脈動，今又雨其谷於水也。雨讀作去聲，如雨我公田之雨。蓋谷以此時播種，自上而下也。」這段文字說的是到了每年的谷雨時節，降水會明顯增多，天氣會變得溫暖濕潤，這些自然條件對於穀物的生長發育來說都是十分有利的。

谷雨三候

舊時的中國人將谷雨分為三候：「一候萍始生；二候鳴鳩

拂其羽；三候為戴勝降於桑。」意思是，每年谷雨節氣過後，隨著降雨越來越頻繁，水中的浮萍會開始生長；接著是鳴鳩（布谷鳥）開始鳴叫，提醒人們到了播種的時候；在谷雨的最後幾天，人們則會從桑樹上見到戴勝鳥。

到了谷雨時節，北方的大部分地區才正式進入真正的春天。桃花、杏花等等也會在這個時候漸次開放，楊絮、柳絮開始四處飛揚，農家人也開始了一年一度的農忙；但是在南方地區，此時已經是暮春時節了，「楊花落盡子規啼」眼看著初夏就要到來。在谷雨時節，最忙碌的恐怕要數棉農了。民諺中有「谷雨前，好種棉」的說法，還有「谷雨不種花，心頭像蟹爬」的俗語，可見自古以來，棉農都把谷雨視為棉花的最佳播種時間。

或許是名為「谷雨」的緣故，在這個節氣裡，舊時的中國人最關心的便是有沒有下雨。現在我們所熟知的很多關於谷雨節氣的諺語，都是圍繞著有雨無雨的問題產生的，比如「谷雨陰沉沉，立夏雨淋淋」、「谷雨下雨，四十五日無乾土」等等。靠天吃飯的古代中國人，不可避免地密切關注著雨水。

谷雨時節谷雨茶

　　能與清明茶齊名的茶恐怕就是谷雨茶了。

　　谷雨茶即谷雨時節採製的春茶，又叫二春茶。由於此時的溫度適宜，降雨豐富，茶樹又剛剛經過冬季的休養，正處於最佳生長期，所以生出的嫩芽特別肥碩，葉也格外鮮嫩柔軟，營養豐富。而在此時採製嫩葉製造春茶，更是別有一番清新滋味。谷雨茶根據芽與葉的比重不同，分為不同的品種，除了純嫩芽製成的茶外，還有一芽一嫩葉、一芽兩嫩葉等品種。一芽一嫩葉的春茶泡在水裡，形狀像是長槍上展開了旌旗，所以被稱為旗槍；而一芽兩嫩葉的春茶因為外形像是雀類的舌頭，所以被稱為雀舌。

谷雨茶養分足、味道佳，價錢也不貴，因此受到大眾的喜愛。不管是獨自啜飲，還是約幾個朋友一起品茶，都是極享受的事情。

　　一般來說，谷雨茶的價格都比較經濟實惠，泡在水中的形狀好，口感也不比清明茶遜色，所以大多茶客更喜愛谷雨茶。據茶農們介紹，谷雨這天上午是採摘谷雨茶的最佳時間，只有此時採摘製成的茶才是真正的谷雨茶。在茶農看來，谷雨茶雖然不如清明茶那般昂貴，但卻是真正的茶中上品。而這種在谷雨當天採摘製作的茶，也往往都是在招待貴客時才會拿出來，茶農自己平常都捨不得喝。

　　那些深諳茶道的行家看來，喝谷雨當天採製的茶對人體健康也非常有益，不僅可以通全身不暢之氣，還可以起到保健的作用。《神農本草經》一書中就有「久服安心益氣……輕身不老」的相關記載。這絕不是有意為之的牽強說法，而是確確實實有其科學依據的──谷雨茶溫涼的屬性能起到降熱去火的作用，並且谷雨茶中富含的多種維生素、氨基酸以及生理活性成分，具有殺菌消毒的功效，還能夠潔牙健齒以及阻止牙菌斑的形成。

　　谷雨茶氣味甘美，清冽去火，價格適中，能夠品上一杯上好的谷雨茶，對於自古便有飲茶嗜好的中國人來講，絕對算得上是人生的一大樂事。

傳說：谷雨與倉頡

關於谷雨的由來，除了「雨生百谷」外還有另一種說法，那就是谷雨跟中國人的祖先之一——倉頡有關。而關於這一點，還要從倉頡造字說起。

眾所周知，人類在最初是沒有文字的，中國也不例外。直到黃帝時代，朝中才出現了一個名叫倉頡的人。相傳，他立志要為人間創造文字，結束人類無法記錄自身歷史的日子。為造出漢字，他辭官外出，遠遊九州，最後才回到自己的家鄉楊武村，獨自一人用整整三年的時間造字，終於造出了一斗油菜籽那麼多的字。玉皇大帝聽說此事後，決定重賞倉頡。

一天晚上，倉頡在睡夢中聽到有人喊他起來受賞。他迷迷糊糊睜開眼睛，見到屋子裡不知何時多了一尊金人。等他清醒過來後，才恍然想起夢中聽見的喊聲，也意識到這金人就是玉皇大帝賜予自己的獎賞。第二天，他叫來全村的小伙子，把金人送到黃帝宮中。黃帝問起金人的來歷，倉頡卻只說是自己偶然撿到的，所以不能據為己有，應該與天下人共用。黃帝收下金人後還沒來得及處置，金人卻化為一道霞光，消失不見了。

後來，睡夢中的倉頡又聽到有人朝自己大喊，問不想要玉

皇大帝賜的金人那想要些什麼。倉頡表示想要五穀豐登，好讓全天下的老百姓都有飯吃。

等到第二天倉頡醒來的時候，天上真的下起了比雨點還要密集的谷粒，而且足足下了半個時辰之多。看著地上堆積的一尺多厚的谷粒，倉頡明白這就是玉皇大帝對自己的獎勵，於是趕忙把這件事報告給了黃帝。黃帝聽說此事後也深感倉頡的巨大功績，於是就把降下谷粒雨的這一天命名為「谷雨」。

時至今日，在倉頡的故鄉——陝西白水一帶，人們還是把谷雨這一天作為祭祀倉頡的日子。「清明時節拜黃帝，谷雨來時祭倉頡。」每到這一節氣，都有來自世界各地的華人聚集在距今已有兩千多年歷史的白水倉頡廟，拜祭這位中華民族的偉人。

谷雨各地風俗

到了谷雨，老南京有「吃春」的習俗，即在這一天吃香椿頭炒雞蛋。在南方茶區，還有谷雨採茶的習俗。傳說谷雨茶有清火、辟邪、明目等奇效，所以無論天氣如何，茶農都會去茶山採一些新茶回來喝。

　　而在沿海地區，有「谷雨百魚上岸」的說法。說的是到了谷雨時節，深海的魚蝦遵循季節洄游的規律，會紛紛游至近海水域。已經休息了一冬的漁民，也準備利用這一大好時機出海了。為了祈求平安、豐收，每年谷雨節氣的前後三天內，漁民們都要舉行盛大而隆重的祭海儀式，一是表達對於大海的虔誠之意，二也是為了祈求庇佑。

　　據記載，在北方的沿海一帶，漁民們過谷雨節的習俗已經有兩千多年的歷史了。到了清代道光年間，谷雨正式被定為漁民節。每年的這一天，漁民們都要舉行隆重的「祭海」活動，向海神娘娘敬酒，而後才揚帆出海捕魚。祭海所用的祭品也很有講究，漁民們不但要選豬、魚和雞作為供品，而且豬還要以黑豬為主。豬被殺死後，豬頭上方還要留下一縷黑毛，這代表著全豬的意思。祭海時，殺死的豬要被充氣，然後綁在一張小桌上，豬頭上還要披著紅綢子戴著大紅花。此外，雞要選擇塊頭大一點的公雞，魚則必須是鱸魚，這些都有吉祥之意。

　　除了祭海活動外，大街小巷還擠滿了踩高蹺、舞龍、舞獅的人群，熱鬧的氣氛比起過年也毫不遜色。入夜後，各個港口也是燈火通明，因為要舉行盛大的「放海燈」儀式。在此後的

幾天內，各個村子都要唱大戲，從白天唱到晚上，最多的時候甚至要連續唱上四五天，整個漁鄉都沉浸在歡快的氛圍中。

在山東的一些地方，谷雨還有專門祭祀秦始皇的習俗。而在另一些地方，每年的祭海活動不但規模宏大，而且時間長。到了今天，這種民俗風情十足的活動已經成為一種全新的旅遊體驗，每年吸引著數以萬計的各地遊客前來觀看。

走谷雨

古時還有「走谷雨」的風俗。所謂「走谷雨」，就是在谷雨這天，青年婦女或是走親訪友、或是野外踏青，以此來歡度谷雨節氣，感受一路上的錦繡風光和明媚春色。

黔東南爬坡節

「爬坡節」是黔東南苗族人每年一度的盛會，時間剛好在谷雨時節。每到爬坡節，苗寨的青年男女就約上自己的朋友和心儀的對象，來到指定的山坡上。通常山坡上會聚集數千人，人們圈圈層層地圍在一起唱歌跳舞，以此吸引異性的關注，一派歡樂的節日氣氛。作為東道主的姑娘們還要準備豐盛的飯菜，一邊款待小伙子們一邊與他們對歌。很多苗族夫婦都是通過爬坡節互相認識，組成幸福家庭的。

　　如今的苗族爬坡節已經演變成來自全國各地人們的盛會，節日裡不僅有傳統的對歌活動，還增加了鬥牛、斗雀、籃球、賽跑等許多遊藝和體育活動。

禁殺五毒

　　谷雨過後，隨著氣溫的升高和降雨的增多，自然萬物開始蓬勃生長，人間的風景也因此變得越加秀美。但與此同時，病蟲害也進入了高發時期。為了減輕害蟲對農作物和人的危害，農家人會在谷雨這天張貼「谷雨貼」，也叫「禁蠍咒」，用來驅蟲辟邪，祈求平安。清乾隆六年的《夏津縣志前編》中，就有「谷雨，硃砂書符禁蠍」的記載。時至今日，這一習俗在山東、山西、陝西等地仍然十分流行。

　　「谷雨貼」其實是年畫的一種，因其上面刻繪著神雞捉蠍、天師除五毒的形象或道教神符，有的還寫著諸如「太上老君如律令，谷雨三月中，蛇蠍永不生」、「谷雨三月中，老君下天空，手持七星劍，單斬蠍子精」等文字而得名。這些東西不僅寄託了古時的中國人殺滅害蟲、盼望豐收的美好願望，也表達了他們渴望安寧生活的心理需求。

這幅圖就是「谷雨貼」的一
種。傳說谷雨時節五毒復甦，邪氣上
升，於是人們便請仙人來滅五毒精。

谷雨食香椿

到了谷雨時節，正是香椿上市的日子。

香椿又名椿芽、香椿頭，古時還被稱為名栲、虎眼，一般
可分為紫椿芽和綠椿芽，其中又以紫椿芽最為珍貴。人們食用
香椿，其實吃的是它的嫩芽部分。鮮椿芽中含有豐富的糖、蛋
白質、脂肪、胡蘿蔔素和大量的維生素 C，營養價值及藥用價
值都十分可觀，甚至還有提高人體免疫力、健胃、理氣、止瀉、

潤膚、抗菌等諸多功效。需要指出的是，鮮香椿中的硝酸鹽含量較高，在食用前一定要用開水煮過一下才好。

谷雨花信風

谷雨時節，花信風吹來，又將有花要如期綻放了。谷雨時節花信風如下：「一候牡丹，二候酴醾，三候楝花。」

原產於甘肅、陝西一帶的牡丹，開花時間就在谷雨前後，因此也被稱為「谷雨花」。所謂「谷雨三朝賞牡丹」，在谷雨時節觀賞牡丹已經成為人們的一項重要的休閒活動。時至今日，在山東、河南、四川等地，仍會在谷雨時節舉行牡丹花會，供人們遊樂聚會。

早期的中國人一直將牡丹以藥用價值載於《神農本草經》中。到了南北朝時期，才逐漸將牡丹作為一種觀賞花卉栽培起來。到了唐代，牡丹更是以其傾國傾城之姿而名滿天下。唐代李正封的詩作《詠牡丹》中有「國色朝酣酒，天香夜染衣」的句子，以醉酒的天姿國色來比喻花的嬌豔，以天上的香料染衣來比喻花的芳香，這也讓牡丹擁有了「國色天香」的讚譽。唐代文學大家皮日休更是把牡丹稱為「百花之王」，並在詩中盛

讚其為「落盡殘紅始吐芽，佳名喚作百花王」。

眼看春天將逝，卻別忘了還有一種花等著人們
觀賞─這就是「花中之王」牡丹。碩大的花朵開得嬌豔，
香得醉人，還有誰能不為這國色天香傾倒呢？

　　關於牡丹在谷雨開花這件事，民間還有一段淒美的愛情傳
說。相傳在唐高宗年間，黃河再次出現了決堤的災難。一個名
叫谷雨的癡情兒郎，冒著生命危險在洪水中救起了一株紅牡丹。
兩年後，谷雨的母親生病，一位美貌的紅衣姑娘天天趕來送藥，

直到谷雨的母親病癒後才悄然離去。急於報恩的谷雨四處尋找恩人的下落，終於在百花莊園找到了這位姑娘，她就是谷雨當年救下的那一株牡丹。

見谷雨如此誠心，姑娘也答應「待到明年四月八，奴到谷門去安家」。可是沒過多久，牡丹姑娘就被她的仇人禿鷹抓走，關到了山洞裡。得知這一情況後，谷雨隻身闖入禿鷹的山洞，經過一番廝殺後總算是把禿鷹和一眾小妖打得七零八落，救出了牡丹。可是就在兩人即將逃出山洞時，一息尚存的禿鷹突然放出冷箭，射殺了谷雨。因為他生在谷雨，也死在這一天，甚至連名字都叫谷雨，所以牡丹就和眾位花仙立下誓言，今後牡丹花都要在谷雨時節開放，以此來表達對谷雨的懷念。

牡丹開過後，酴醾又將如期綻放。如今人們常說的「開到酴醾」，指的就是這種花。擁有「佛見笑」、「獨步青」、「百宜枝」、「雪梅墩」等別名的酴醾，薔薇科薔薇屬，且「蔓生多刺，綠葉青條，須承之以架則繁」。因其花期較晚，所以古人認為一旦酴醾開過後，整個春季也就到了盡頭。著名文學家蘇軾「酴醾不爭春，寂寞開最晚」的詩句，說的就是這一事實。當酴醾盛開之際，曾經在春天裡爭奇鬥豔的百花也都行將凋謝。

正因為如此，酴醾又常被後人用來借喻青春的逝去，或是代表著一段感情的終結。

　　人間酴醾花事了，天地楝花始盛開。開於暮春之際的楝花，要到初夏時才會收梢。所以《花鏡》中才會有「江南有二十四番花信風，梅花為首，楝花為終」的說法。楝花是二十四番花信風的最後一候，等到楝花開完，花信風也將就此終結。宋代何夢桂在其《再和昭德孫燕子韻》中就有「處處社時茅屋雨，年年春後楝花風」的句子，說的就是楝花一開，夏天也就不遠了。

　　楝花多籽，其籽因形似小鈴且成熟時顏色發黃，而又被稱為「金鈴子」。由於這種花多產於四川，所以還有「川楝子」的別名。楝花入藥後，有疏肝瀉火、行氣止痛以及殺蟲的功效。在河南還有一個關於楝花的習俗，據說豫東一帶每到四月初八（傳說中佛祖的生日）這一天，新婚夫婦都要在天未亮時早早起床，手執長桿去敲打院中的楝樹，因為楝樹花多、籽多，所以有多子多福的寓意。小夫妻們一邊打楝花，一邊還要嘴裡唱著「四月八打楝花，來年生個胖娃娃」。

谷雨結語

谷雨時節在楝花的開放中走向尾聲,而楝花開罷,春天的花事也就真的盡了。然而,這並不是件令人感傷、悵惘的事情,因為一年四季總不會缺少了花的存在。夏的荷、秋的菊、冬的梅,中國的四季中各自都有花的美景。落雪的北國、飄雨的南方、純淨的高原、蒼涼的大漠,每一年每一月每一天,風景無處不在,只待人們去欣賞它們的美。

夏 長

立夏：天地氣交，萬物華實

春盡夏至。立夏節氣一到，夏季也就由此拉開了序幕。

立夏的另一個名字叫「春盡日」。白居易在其著名詩作《春盡日》中，生動地描述了這一時節的美好景致：「芳景銷殘暑氣生，感時思事坐含情。無人開口共誰語，有酒回頭還自傾。醉對數叢紅芍藥，渴嘗一碗綠昌明。春歸試遣鶯留語，好住林園三兩聲。」

山林青翠的初夏，驕陽似火的盛夏，大雨滂沱的仲夏。暑氣與雨水，驚雷與閃電，密集地降臨到中國的大地上。入夏的中國，草木繁茂，江河壯美，東北的稻田里河蟹正肥，江南的河面上蓮花競放，把整個季節暈染得如同一幅幅錦繡畫卷。

立夏是進入夏天的第一個節氣，也預示著春夏兩季的交替與更迭。據史料記載，這一節氣早在戰國末年就已確立。關於立夏的命名，《月令七十二候集解》中有這樣的解釋：「立字解見春（立春）。夏，假也，物至此時皆假大也。」這裡的「假」，就是「大」的意思，說的是春種的植物到了這時已經漸漸長大了。

　　立夏發生在每年的五月五日前後，也就是太陽到達黃經四十五度的時候。此時大地上的氣溫逐步上升，酷暑將要正式來臨。在這一節氣裡，隨著雷雨的普遍增多，農作物也開始進入生長的旺季。

立夏三候

　　古人將立夏分為三候：「一候螻蟈鳴，二候蚯蚓出，三候王瓜生。」在《逸周書·時訓解》中也有「立夏之日，螻蟈鳴；又五日，蚯蚓出；又五日，王瓜生」的說法。也就是說，立夏一到，首先會聽到螻蟈（即螻蛄）在田間的鳴叫聲；接著人們會在土地中發現正在掘土的蚯蚓；再過五天王瓜的蔓籐也要快速地攀爬生長了。

　　如果按照氣候學的標準來看，立夏還並不算正式進入夏季。在這一時節裡，大部分地區的平均氣溫仍在攝氏十八度到二十度上下，應該還屬於仲春或是暮春季節才對。只有日平均氣溫穩定升到了二十二度以上，才算是進入真正意義上的夏季。按照這一標準，在立夏前後，真正到了夏季的只有福州到南嶺一線以南的部分地區而已。

　　立夏時節，萬物繁茂。在明代的《蓮生八戕》一書中，就有「孟夏之日，天地始交，萬物並秀」的記載。這時夏收作物已經進入最後的生長期，冬小麥也開始揚花灌漿，而油菜籽則接近其成熟期了。農諺中有「立夏看夏」的說法，到了這個時候，夏收作物的年景已經基本形成定局，農民也陸續開始展開水稻栽插以及其他春播作物的管理，農忙時節正式到來。

　　自古以來，中國人就非常看重立夏節氣，並留下了無數與立夏有關的農諺。如「立夏三天遍地鋤」、「一天不鋤草，三天鋤不了」、「立夏不下，犁耙高掛」、「立夏無雨，碓頭無米」等等，大多是號召農民抓緊生產或是提醒農民要學會觀察氣候。

立夏時節萬物繁茂，是農作物生長的好時機；但與此同時，田間的雜草也繁茂起來，這就需要農民們加緊除草了。

農事繁多,豐收在望,立夏時節的農民,勞作起來十分辛苦,但都做得十分起勁。心中滿懷著對豐收的期待,又怎麼會覺得辛苦呢?

迎夏的古俗

之前講到,「立夏」中的「夏」,有「假大」的意思,也就是在說農作物的快速生長。在中國古代,立夏這一節氣對於這個以農耕為主的國家有著今人難以想像的重大意義。也正因為如此,舊時的中國人向來非常重視立夏的相關禮俗。

「迎夏」是古代在立夏時最為重要的一項習俗。《禮記‧月令》中記載:「立夏之日,天子親帥三公、九卿、大夫以迎夏於南郊。」說的是自周代起,每逢立夏,帝王都要親自率領文武百官到京城的南郊去「迎夏」。

據《歲時佳節記趣》一書記載,迎夏時無論君臣都要穿紅色的禮服,並配戴紅色的玉珮,甚至連馬匹、車旗也要是紅色的。在中國人的意識裡,紅色代表了莊稼成熟的顏色,穿上紅色的衣服更能表達人們對於豐收的祈盼。可見「迎夏」的儀式不僅莊重祥和,還有著十分美好的寓意。

「迎夏」之後，皇帝還要「啟冰，賜文武大臣」。冰因為難以久存，所以在古時極為珍貴，皇帝在夏季所賜的冰，也就顯得更為貴重。所謂「啟冰」是這樣的：迎夏之後，掌管冰政的凌官會挖出冬天窖存的冰，按官員的等級不同切割成大小不同的冰塊，再由皇帝賞賜給文武百官。兩宋年間，啟冰賜百官已經成為立夏的一種慣例，並一直延續到了清末。

在古時的民間，雖然老百姓無冰可食，但也會想辦法製作一些清涼的東西。《帝京景物略》中就有關於「冰盞」的記載，清代的《春明歲時瑣記》以及《清嘉錄》中更是提到了「梅湯」、「冰楊梅」、「冰桃子」等等民間冷飲。

古時候，夏天的冰極為珍貴。立夏之日代表著炎熱的天氣已經到來，皇帝便將窖藏的冰塊賜給眾臣以示恩寵，這一習俗一直延續到清末。

　　相傳立夏時節還是江南地方官員為皇帝進貢的日子。比如《紅樓夢》的作者曹雪芹，其家族在興盛時就曾在立夏時節給皇帝送過櫻桃和鰣魚。在康熙四十四年（公元一七零五年）四月廿二日，也就是康熙皇帝第五次南巡的時候，江寧織造曹寅（曹雪芹的祖父）特意在皇帝剛剛到達此地的當夜就以玄武湖櫻洲所產的名貴櫻桃進獻給皇帝。古時素有「立夏三新」（也稱為「立夏三鮮」）的說法，即玄武湖的櫻桃、高淳的青梅和鎮江的鰣魚。康熙皇帝得知是玄武湖的櫻桃後十分高興，但卻下令要「先進皇太后，朕再用」。無奈之下，曹寅只好馬上差官吏晝夜兼程把櫻桃送到了北京城。

　　鰣魚則是當時極其名貴的中型魚類，在明清兩朝一直作為貢品進獻給帝王食用。在海洋裡生長卻要到淡水中繁殖後代的鰣魚，在每年的立夏前後都要從海洋進入到江河中來，而這時的鰣魚腹中也基本都含有豐富的魚子，其鮮美程度自然可想而知。

　　無論是帝王在立夏時節的「啟冰」活動，還是民間自製冷飲的技巧，再或是所謂的「立夏三新」，都和中國人的傳統習俗、飲食習慣有著千絲萬縷的關係。從這些歷史中，我們可以

看出，素來講求「民以食為天」的中國人，是多麼善於發現和創造自己的美食。

立夏食俗賞

在中國所有的民俗當中，「食」總是不可或缺的元素。而立夏時節的飲食習俗，又格外豐富多彩。

在絕大部分地區，都有立夏吃蛋的習俗，這個時候吃的蛋也被稱為「立夏蛋」。

按照中國民間的說法，「立夏吃了蛋，熱天不疰夏」。關於「疰夏」這種病症，有這樣一個傳說。相傳古代入夏時節，許多人特別是小孩子會感到身體疲勞、四肢無力，還會隨著食慾的減退而越發消瘦。女媧氏得知此事後告訴百姓，在每年的立夏這一天，要在小孩的胸前掛上煮熟的雞鴨鵝蛋，這樣就可以避免疰夏了。正因為如此，民間才有了立夏時節吃蛋的習俗。

除了吃蛋，人們在立夏還要玩一種名叫「鬥蛋」的遊戲。屆時家家戶戶都會把煮好的毫無破損的蛋用冷水浸泡數分鐘，然後再套上早已編織好的絲網袋掛在孩子的脖子上，這樣孩子們就可以三五成群地玩「鬥蛋」遊戲了。蛋分為兩端，遊戲規

定，尖的一端為頭，圓的一端為尾。而鬥蛋時需要遵循蛋頭鬥蛋頭、蛋尾擊蛋尾的原則。孩子們逐個較量，蛋破者為輸的一方，最後蛋頭未碎者就是第一名，大家稱其蛋為大王；蛋尾不碎者就是第二名，其蛋被稱為小王或二王。

有趣的是，在「鬥蛋」的過程中，頑皮的孩子們還可以出「老千」——既然蛋殼越硬越不易碎，就有人用蛋殼更為堅硬的鵝蛋來「打天下」。這時要是你手裡只有雞蛋的話，就永遠別想稱王了。

除了吃立夏蛋，大人們還會做「立夏飯」給孩子吃，這種習俗在湖南、浙江一些地區仍在流行。立夏前一天，當地的孩子們會向鄰居討米，稱為「兜夏夏米」。大人會在立夏這一天把兜得的米與筍、蠶豆、蒜苗、青梅、櫻桃等放在一起露天煮飯，然後再分送給兜米的鄰居，人們認為兒童吃後，可防中暑。

立夏是萬物生長、成熟的時期，所以各地在這一時節還會組織「嘗新」的活動。這種活動尤其在江蘇一帶最為盛行。前文中已經講到了一些地方有「立夏見三新」的習俗，而鎮江人則是講究「立夏嘗八鮮」。所謂「八鮮」，分別為櫻桃、筍、新茶、新麥、蠶豆、揚花蘿蔔、鰣魚、黃魚。到了常州一帶，

還有所謂的「地上三鮮」、「樹上三鮮」以及「水中三鮮」。

　　其中「地上三鮮」為莧菜、蠶豆、元麥（一說是燕筍）；「樹上三鮮」為櫻桃、梅子、香椿頭；「水中三鮮」則為螺螄、刀魚、白蝦。在物產富庶的魚米之鄉常熟，這些所謂的「鮮」簡直可以製成一桌盛宴，堪稱立夏嘗新的集大成者。

　　至於「九葷」、「十三素」，就更是講究多多了。「九葷」包括鰣魚、鱭魚、鹹蛋、海螺螄、叫化雞（當地名特產）、醃鮮、鹵蝦、鯧魚、蝙魚；「十三素」則包括櫻桃、梅子、麥蠶（把新麥面揉成細條蒸熟）、筍、蠶豆、茅針、豌豆、黃瓜、萵筍、苜蓿、蘿蔔、玫瑰、松花。

　　此外，「七家粥」與「七家茶」也是立夏飲食習俗的一個分支。立夏吃七家粥的習俗在浙江農村廣為流傳，所謂「七家粥」，是彙集了左鄰右舍各家的米，再加入各色豆子及紅糖煮成一大鍋粥，再和大家一起分食的一種家常粥品。

　　而「七家茶」與「七家粥」很相似，是江西的習俗，到了立夏各家會拿出自己新烘焙好的茶葉，混合後烹煮或泡成一大壺茶，再與大家歡聚一堂共同飲用。這些粥和茶的製作以及食用過程都需要大家一起完成，無形中促進了鄰里之間的和睦共

處。

　　在福建的一些地方立夏時節還要吃一種名為「光餅」的食物，這是一種由麵粉加少許食鹽烘製而成的餅。當地人會把「光餅」入水浸泡後製成菜餚，還有一些地方則會將餅剖成兩半，再將炒熟的豆芽、韭菜、肉等食材夾在中間吃。

　　除了吃「光餅」，在福州地區還有煮「鼎邊糊」來「做夏」的習俗。當地人先是用米漿涮鍋邊燒製成所謂的「鼎邊糊」，再加入蝦米、蝦油、蔥菜、金針、黑木耳、蜆子等原料做成清湯。

　　當人們湯足飯飽後，「做夏」也就結束了，這時一家人才會集體下田勞作。之所以會有這種習俗，是為了紀念民族英雄

在眾多立夏美食中，「鼎邊糊」的做法十分獨特：先把大米磨成漿攤在鍋邊，半熟後再鏟入正在熬煎的鮮湯中煮好。

戚繼光。在明朝嘉靖年間，福州沿海常常遭到倭寇的騷擾。為了讓當地百姓不再忍受這種民不聊生的日子，戚繼光帶兵入閩剿寇，受到當地人民的擁戴與歡迎。

　　有一天，戚家軍到了福州南郊，當地鄉民正準備設宴招待戰士們，不想卻有一股倭寇突然來襲，戚家軍只好緊急集合準備迎戰。眼看著部隊就要餓著肚子上戰場，不知是誰靈機一動，將大米磨成漿後做成了「鼎邊糊」，又將肉絲、蝦米、干貝等物混煮後製成了清湯。眾將士們吃過飯後，作戰自然也就英勇無敵，只用了一個時辰就把倭寇全部消滅。從此以後，製作「鼎邊糊」的習俗就在民間流傳下來，並和戚家軍奮勇殺敵的故事一起流傳到了今天。

立夏舊俗「秤人」

　　除了某些特定的飲食習俗外，南方的一些地區還有在立夏時節「秤人」的習俗。

　　所謂「秤人」，其實就是用一桿大秤給人們稱重。人們用麻繩把大秤吊在房梁或院子裡的樹杈上，下懸一把竹椅，被秤的人輪流坐到竹椅上面，掌秤人會一邊稱重量（俗稱「打秤

花」），一面說些吉利話。

秤到小孩時會說「秤花一打二十三，小官人長大會出山。七品縣官勿犯難，三公九卿也好攀」，秤姑娘時會說「一百零五斤，員外人家找上門。勿肯勿肯偏勿肯，狀元公子有緣分」，而秤老人時則會說「秤花八十七，活到九十一」凡此種種，不勝枚舉。掌秤人妙語連珠，出口成章，不僅為稱重者送上了祝福，更博得了圍觀的鄉親們開懷大笑。關於「打秤花」的方法，還有一個特定的規矩，那就是只能裡打出（即從小數打到大數），不能外打裡。

關於「秤人」習俗的由來，民間傳說是這樣的：三國時期，孟獲被諸葛亮收服後，對諸葛亮始終是言聽計從。諸葛亮在臨終前囑託孟獲每年都要看望蜀國的後主劉禪一次，而留下囑託的這一天，剛好是立夏。此後每到立夏時節，孟獲都要遵守諾言來蜀地拜望後主劉禪，即便是在司馬世家滅了蜀國後，孟獲也會照舊在每年的立夏帶兵趕赴洛陽看望劉禪，而且每次都要用秤稱量劉禪的體重，以驗證晉國的統治者是否虧待了自家的主人。因為怕他起兵反晉，晉武帝只好對劉禪照顧有加，所以孟獲每年稱量劉禪的體重，總是要比前一年重上幾斤。

　　久而久之，民間也就有了立夏「秤人」的習俗。儘管傳說與史實並不相符，寄託的卻是中國人對於「清靜安樂，福壽雙全」的期望之情。

立夏話養生

　　立夏前後，大部分地區的平均氣溫都在攝氏十八度到二十度之間，正是「百般紅紫斗芳菲」的大好時節。立夏一過，天氣就會逐漸轉熱，也就到了傳統中醫所說的「暑易傷氣」、「暑易入心」的時候了。正因為如此，立夏期間的防暑和養生就顯得格外關鍵。

　　在《黃帝內經‧素問‧四氣調神大論》中，有「夏三月，此謂蕃秀；天地氣交，萬物華實」的觀點。所謂「夏三月」，是指從立夏到立秋之前的這段時間（約三個月），其中包括立夏、小滿、芒種、夏至、小暑、大暑這六個節氣。立夏、小滿這段時間被古人稱為「孟夏」（即初夏），此時天氣逐漸轉熱，陽氣最強，心陽也最為旺盛。所以，整個夏季的養生，需要特別注重對於心臟的養護。

　　此外，入夏之後的養生還要以「清」為主，應節欲守神、

淡泊心境、處變不驚、遇事不亂、順其自然、靜養勿躁。整個立夏時節，人們都應該盡量保持心態平和，切忌悲喜過度。

夏季時會有持續高溫和頻繁的雷雨，天氣變幻無常，容易誘發頭痛。如果患上夏季頭痛，盡量不要依賴藥物，可通過消暑降溫、補充水分、多加休息等方式進行保守治療。夏季還是痱子、濕疹、過敏性皮炎等皮膚病的高發期，一定要常洗澡、勤換衣物，盡量少到蚊蟲多的地方去。同時，痢疾、腸胃炎、食物中毒等病症也進入高發期，一定要更加注意飲食衛生，減少外出就餐，並少吃冷飲。

入夏之後，人們常常衣單被薄，這時就是免疫力強的青年人也需要謹防外感，一旦患病更是不要輕易發汗，以免汗多傷心；老年人則要注意避免氣血瘀滯，以防止心臟病的發作。

在飲食方面，立夏之後可以多吃一些稀飯。因為夏季炎熱人體出汗多，極易造成體內水分的大量流失，進而給脾胃的消化功能帶來負面影響。在煮粥時，可根據個人的口味適當加入一些荷葉或綠豆，均有消暑止渴、清熱解毒、生津利尿的作用。除了主食，還應多吃水果蔬菜，如香蕉、西瓜、柿子、苦瓜、番茄、蓮藕及一些軟性食物，不僅能生津止渴、清涼解暑，還

能補養身體，對健康十分有益。在日常膳食中，還要更加注意以低脂、低鹽、多維、清淡的食物為主。早飯可食用少許的蔥頭，晚飯可少量飲用紅酒，起到暢通氣血、保護心臟的作用。

　　此外，立夏時節是兒童發育最快的時候，因此，在日常飲食中要為孩子及時補充鈣質、維生素以及其他營養，全面滿足兒童生長發育所需，更要注意孩子的衣著，進行適當的體育鍛煉，讓孩子健康成長。

小滿：三夏大忙序幕起

◆◆◆

在二十四節氣中，有一個關於麥子的節氣，就是小滿。因為以麥類為主的夏熟作物在這個時間開始灌漿飽滿，卻尚未到達真正的成熟期，所以此節氣才得名小滿。

麥子，在中國古代是與稻子地位等同的糧食。它雖不是原產於本地的作物，卻在引進後迅速得到推廣。這種原產於西亞的農作物，進入中原地區已有大約五千年的歷史了。到了唐宋時期，由於人口的遷徙，麥子在南方也得到了廣泛的種植，成了中國最重要的糧食之一。

太陽到達黃經六十度時，即每年五月二十一日或二十日，就是小滿節氣。在《月令七十二候集解》中，有著這樣的解釋：「四月中，小滿者，物至於此小得盈滿。」小滿，也就是即將飽滿之意。正是因為麥子尚未到達真正的飽滿期，這一節氣對於居住在黃河流域的中國人來說才有著至關重要的意義。它既包含了收穫在望的期盼，也包含著如同等待嬰兒降生般的緊張感。即便是到此時，一年的收成如何仍不好說。所以小滿來臨之時，農事仍不可怠慢，既要注意澆好「麥黃水」，以保證麥

子灌漿飽滿，同時又要抓緊麥田蟲害的防治，還要預防乾熱風以及雷雨、大風、冰雹的襲擊。

小滿三候

舊時的中國人，將小滿分為「三候」：一候苦菜秀，二候靡草死，三候小暑至。

苦菜，學名山苦菜，還有苦麻菜、苦丁菜等別名。所謂「苦菜秀」，意思是說到了小滿之際，苦菜已經枝葉繁茂，可以食用了。小滿後再過五天，就到了靡草將死的時候。《禮記注》中有「草之枝葉而靡細者」的說法，作為一種喜陰的細長草類植物，靡草因為受不了夏季的陽氣，在盛夏到來前會陸續枯死。此後再過五天，就是小暑節氣到來之時了。

我們知道，小滿和小暑兩節氣之間還有多達一個月的時間，那麼為何還會有小滿候小暑至的說法呢？據文獻記載，小滿原為小暑至，後被《金史志》改為麥秋至。所以《月令》中才有「麥秋至，在四月；小暑至，在五月。小滿為四月之中氣，故易之」的相關描述。從氣候特徵來看，從小滿節氣開始，全國各地漸次進入夏季，南北溫差進一步縮小，降水則進一步增

多。

小滿農事

農諺中素有「立夏小滿正栽秧」、「秧奔小滿谷奔秋」的說法，可見小滿到來時正是水稻栽插的農忙時節。栽插的遲早，與水稻單產的高低密切相關，所以小滿時節的降水對於華南地區的農家來說至關重要。夏旱嚴重與否，直接影響了水稻栽插的面積。

在華南的中部和西部，常有大雨來遲，有些年份要到六月大雨才姍姍而來，最晚甚至要到七月。加之小滿節氣的雨量不多，會使得水源缺乏的華南中部地區面臨著極為嚴重的夏旱情況。俗話說得好：「蓄水如蓄糧，保水如保糧。」到了小滿，將出現無數水車奔忙在阡陌之間的景象。

在南方地區，許多農諺為小滿時節賦予了新的寓意：「小滿不滿，干斷思坎」、「小滿不滿，芒種不管」。居於南方的中國人，用「滿」來形容雨水的多少，意在強調如果小滿時節田里的水沒有蓄滿的話，就很有可能造成田地乾裂，甚至芒種時都無法栽插水稻。

　　到了小滿時節，暑氣進一步上升。無論是在南方還是北方，降水都成了事關生產的頭等大事。中國人常說「靠天吃飯」，為了保證收成，農家自古以來就十分注重蓄水保水以應對乾旱。到了現代，各地打井挖渠的現象仍是屢見不鮮。不過也要注意的是，小滿時節還可能出現連續的陰雨天氣，這對小春作物的

到了小滿，降水就變得尤為重要。為了不讓乾旱影響到地裡的收成，農民們在這一時節需要做好蓄水、灌溉工作。

收曬影響極大。此時常有較強冷空氣南下，會波及贛、浙、閩、粵等各省。如果五月下旬至六月上旬連續出現三天以上日平均氣溫低於攝氏二十度，且日最低氣溫低於十七度的低溫陰雨天

氣，就是俗稱的「五月寒」（又稱「小滿寒」）了。這將極大影響這些地區的早稻稻穗發育和揚花受粉。

　　到了小滿節氣，台灣彰化附近的海域就可以捕獲黑鯧了。在東北部及南部的海域，則可以捕獲到飛魚等海產品，這是當地漁民的收穫時節。而在高雄的一些地方，香蕉已經進入盛產期。

小滿養生知識

　　小滿節氣正值五月下旬，此時氣溫明顯升高，怕熱的人已經開始使用涼席一類的消夏用品。這樣的習慣固然有助於人們度過炎炎夏日，但同時也極易引發風濕症、濕性皮膚病等疾病。人們在這一時節要有「未病先防」的養生意識，從增強機體的正氣和防止病邪侵害兩方面入手。另外黃河以南到長江中下游地區會在這一時節出現攝氏三十五度以上的高溫天氣，防止中暑在這段時間尤為重要。

　　暑濕天氣容易導致人的脾胃正氣不足，所以小滿時節的飲食保健應以健脾養胃為原則，要吃湯水較多、促進食慾、易消化的食物，少吃或不吃油膩的食物，此外，還要進行適度的運

動，但運動量不宜過大，以免傷陰也傷陽。

從防治皮膚病的角度考慮，小滿時節的飲食還需注意更多事項。這時期的皮膚病多由濕熱引起，因此在飲食調養上應吃具有清熱祛濕作用的食物，宜以清爽清淡的素食為主，如綠豆、赤小豆、絲瓜、黃瓜、黃花菜、水芹、苡仁、荸薺、黑木耳、西瓜、冬瓜、藕、胡蘿蔔、西紅柿、山藥等，魚肉類則應以蛇肉、鯽魚、草魚、鴨肉等為主，牛、羊、狗、鵝等肉類則要少吃；切勿食用高熱量、高脂肪、助濕生濕的食物，如動物脂肪、海腥魚類（包括海魚、蝦、蟹等海鮮）及酸澀辛辣、溫熱助火的食物（包括生蔥、生蒜、生薑、韭菜、茄子、茴香、桂皮、芥末、胡椒、辣椒等），更不要過度食用油煎熏烤的食物。

簡而言之，小滿時節的養生之道除了注意天氣變化，防止嗜涼造成的風濕、皮膚病外，還包括多吃時令蔬菜瓜果，對過於燥熱的食材少吃或不吃。

小滿見三鮮

農諺中有「小滿見三鮮」的說法，這「三鮮」具體說來就是黃瓜、蒜薹和櫻桃。

小滿時節正是黃瓜開始成熟的時候，此時多吃黃瓜，對於

降脂、降血糖、抗腫瘤、抗氧化以及預防大便乾結等症狀均有好處；而蒜薹中含有糖類、粗纖維、胡蘿蔔素、尼克酸、鈣、磷及維生素 A、維生素 B2、維生素 C 等營養成分，其中含有的大蒜素還有驅蟲、抗感染、抗氧化、預防便秘及癌症的功效，對身體極為有益；至於屬性溫和的櫻桃，則能夠補中益氣、健脾健胃、祛風勝濕，另外還有美容養顏的功效。

除了上述「三鮮」，小滿時節的應季水果──桑葚，對身體也十分有益，常食用可以延緩衰老、醒神明目，還可以提高機體的免疫力、保護心血管功能、預防動脈硬化。

小滿苦菜當令

「小滿之日苦菜秀」，在小滿時節吃苦菜，是最重要的一項民俗。

自古以來，民謠中就有「春風吹，苦菜長，荒灘野地是糧倉」的句子。苦菜作為中國人最早食用的野菜之一，在《詩經》中也有「采苦采苦，首陽之下」的文字。舊中國，農民在青黃不接時就常常要靠苦菜來填飽肚子。這種遍佈全國的植物，雖然苦中帶澀，但澀中又帶著一絲絲的甘甜，不僅口感新鮮爽口、清涼嫩香，更有清熱、涼血和解毒的醫藥作用。中醫常用苦菜

治療熱症，古人還用苦菜來醒酒。可見，在這一時節吃苦菜，也是一件大有益處的事。

人們食用苦菜的時候，一般先把苦菜燙熟，再進行冷淘涼拌，適當調以鹽、醋、辣油或蒜泥，吃起來口感清涼辣香，配著饅頭、米飯吃下讓人食慾大增。也有人喜歡用黃米湯將苦菜醃成黃色，吃起來酸中帶甜、脆嫩爽口，或者用開水把苦菜燙熟，擠出苦汁後用來做湯、做餡、熱炒以及煮麵，其功效與苦瓜大致相似。

小滿節氣習俗

在古人的農事活動中，素有「小滿動三車」（三車即水車、油車、絲車）的舊俗。說的就是到了小滿時節，水車、油車和絲車都將陸續啟動。在舊時的中國人看來，水車排灌是最為重大的一項農事活動。每到這一時節，浙江的農民都會舉行隆重的「搶水」儀式。「搶水」儀式通常要由村中一位德高望重的長者主持，大家在黎明時分集合起來，把點燃的火把放在水車的車基上，然後由主持儀式的長者以鳴響鼓鑼為號，村子裡的健壯青年就紛紛踏上河岸邊踏動事先裝好的水車，數十輛一齊

把河水引灌進田裡，直到把河水「排光」為止。

除了「搶水」外，「祭車神」也是小滿時的一項重要民俗。相傳「車神」是一條白龍，所以農家會在水車的車基上放些魚肉、香燭來進行祭拜，在這一過程中還有一項特殊的講究，那就是祭品中一定要有一杯白水，在祭拜的時候把水潑進田裡，寄託的是農家祈盼水旺源湧的美好心願。

在辛勤灌溉的同時，剛剛收割下來的油菜籽也等待著農家人的舂打。這時候，油車就派上用場了。

小滿前後，蠶也即將結繭，養蠶的人家要用絲車繰絲。如此繁忙的景象，在《清嘉錄》中早有詳細的描繪：「小滿乍來，蠶婦煮繭，治車繰絲，晝夜操作。」

小滿前後也是桑蠶結繭的時候，因此養蠶的人家會忙碌起來。婦女們先煮繭，再用絲車把這些繭抽出絲來，也就是通常所說的「繰絲」。

　　「小滿動三車」，無論是水車還是絲車、油車，在現代人的眼中都透著一股濃濃的中國氣韻。古老的勞作方式，本身就像是一幅古樸寧靜的中國風景畫，需要靜下心來仔細欣賞，靜靜地去觀摩、品味其中的奧妙之處。

蠶神誕辰

　　蠶神在中國古代又被稱為蠶女、馬頭娘、馬明王、馬明菩薩、蠶花娘娘、蠶絲仙姑、蠶皇老太等，是傳說中司蠶桑的神。前文說過，小滿時節正是蠶繭結成、正待繅絲的時候。也許正因為這樣，民間才認為小滿是蠶神的誕辰。因此每到小滿時節，以養蠶著稱的江浙一帶就顯得尤為熱鬧。

　　自明清以來，江浙兩省各地的蠶神祠廟都會在小滿時節開鑼唱戲，以此來慶賀蠶神的壽誕。絲綢業的商人也會以絲業會館或絲業公所的名義擺供祭神、演戲酬神，以此來祈佑新絲上市、生絲交易旺季的到來。這種拜祭儀式又被稱為蠶神節，通常都要唱足三天大戲，也就是俗稱的「小滿戲」。

　　據史料記載，清道光七年（公元一八二七年），江南盛澤絲業公所興建了最大的一座先蠶祠，祠內還專門建造了戲樓，

樓的兩側設有廂樓，台下的廣場可容納萬人觀劇。在小滿節氣
的前後三天裡，絲業公所會出資延請各大戲班登台唱戲。在唱
戲的時候還有一個禁忌，那就是不能唱帶有私生子和死人情節
的戲，因為「私」、「死」都與「絲」字諧音，所以絲業公所
的董事們都會反覆斟酌，選擇那些能夠討得好綵頭的戲，以求
吉利。

小滿結語

　　隨著小滿時節的到來，北方的小麥即將迎來豐收期，南方
的蠶絲、菜籽也都正值收穫的旺季。而其他的農作物也在這時
快速生長著。為了得到更大的收成，農民更加辛勤地勞作，一
刻也不敢鬆懈。舊時的中國人，就在繁忙中度過了小滿。

芒種：青梅煮酒論英雄

在所有的節氣中，芒種恐怕是讓中國的農家人最忙碌的一個節氣了。

在農家的俗諺中，素來就有「有芒的麥子快收，有芒的稻子可種」的說法。收穫就在眼前，金黃的麥穗因為成熟而垂下了頭，而收割麥子的同時又有穀物需要播種。收穫與新的耕耘交匯在同一個季節裡，辛勤勞作的中國人感到前所未有的充盈和滿足，廣袤的田野裡，勞作的背影中，到處都瀰漫著溫暖的詩意。

芒種是在每年的六月六日或五日，此時的太陽剛好到達黃經七十五度。

在《月令七十二候集解》中，關於這一節氣有著這樣的解釋：「五月節，謂有芒之種穀可稼種矣。」意思是指大麥、小麥等有芒作物已全面成熟，搶收在即。而與此同時，晚谷、黍、稷等夏播作物也都到了最為繁忙的播種季節。即便是向來與世無爭的中國人，到了這一時節也不得不和大自然爭上一爭了。他們爭的當然是時間。所謂「春爭日，夏爭時」，到了「芒種」

時節，「忙種」成了此時農事中唯一的主旋律。

芒種三候

對於這樣的一個節氣，古人同樣將其分為三候：「一候螳螂生；二候鵙始鳴；三候反舌無聲。」

芒種剛剛開始的時候，螳螂在去年深秋產下的卵經過半年的孵化，終於要破殼而出了；再過五天後，鵙鳥（伯勞）會出現在枝頭，一旦感應到陰氣就會大聲鳴叫起來；與之剛好相反的是，能夠學習其他鳥類聲音的反舌鳥卻會因為感應到了陰氣而停止鳴叫。

千萬別小看了這種通體烏黑、貌不驚人的南方留鳥，牠可是鳥類中技藝高超的口技專家。不論是畫眉、黃鸝、柳鶯乃至雛雞的鳴叫聲，牠模仿起來都惟妙惟肖、能達到以假亂真的效果。

芒種農事

作為農家最為繁忙的一個節氣，與芒種有關的農諺數不勝數。在長江流域流傳著「栽秧割麥兩頭忙」的說法，到了華北

地區則變成了「芒種忙，收麥種豆不讓晌」。此時，從北到南，從西到東，中國的絕大多數地區都會進入搶時忙種的階段。從芒種直到夏至的這半個多月，所謂的「三夏」（即夏收、夏種、夏培）忙碌時節已經到來。

都說「收麥如救火，龍口把糧奪」，意思就是一旦到了芒種時節，沿江很多地區都會出現多雨天氣，黃淮平原也即將進入一年一度的雨季，如果在這時遇上連陰雨以及大風、冰雹等災害天氣，往往會讓尚未及時收割的小麥脫粒，從而使得一年的收成毀於一旦。到了這個時候，「日出而作」、「日落而息」已經不再適用，為保一年收成的農民們開始了披星戴月的搶收。

收穫要及時，播種也馬虎不得。宋代范成大在他的《芒種後積雨驟冷》詩中就有「梅霖傾瀉九河翻，百瀆交流海面寬。良苦吳農田下濕，年年披絮插秧寒」的句子，描繪的正是陰雨不止、河滿溝平之際，農夫們頂著風雨披棉插秧的畫面。這一時節的水稻、棉花等農作物正處於生長旺盛、需水量高的關鍵時刻，適量的梅雨會給農業生產帶來益處，但如果梅雨過早降下或是連綿不絕，卻能給作物的生長造成毀滅性的打擊。所謂「圩田好作，五月難過」說的正是舊時中國農民對於梅雨成災

的憂慮。

　　如果遇上梅雨過遲、過少甚至是「空梅」的天氣狀況，善於應勢而動的農家人通常會選擇改種糜子。作為一種生長期較短的糧食作物，糜子的早熟品種甚至可以在八十天內到達成熟期，即便是晚熟品種也只需要一百天左右的時間。所以華北地區的廣大農戶一旦遇到久旱無雨的災害天氣，就會用種植糜子的方式來盡量彌補自己的損失。在正常情況下，芒種時種穀子也是一個不錯的選擇，但是由於谷子比糜子的生長週期要長，而且很有可能遭受到凍害的威脅，所以人們還是更願意選擇可靠一些的糜子。

　　有人把「芒種」稱為「忙種」。這個時節麥子已經可以收割了，又有別的莊稼需要播種，加上天氣變化無常，因此人們往往不分晝夜地搶收搶種，免得天氣影響了收成。

芒種總是忙，中國人也總是忙。正是這樣的忙碌，造就了中國人吃苦耐勞的性格，也造就了堅毅頑強的秉性。

芒種送花神

「農曆二月二，花朝節上迎花神」這是舊時流傳下來的習俗了。到了芒種時節，民間又將舉行送花神儀式，在恭送花神歸位的同時祈求來年再次相會。南朝崔靈恩在其《三禮義宗》中說：「五月芒種為節者，言時可以種有芒之谷，故以芒種為名，芒種節舉行祭餞花神之會。」因為芒種時節已接近農曆五月，所以又有「芒種五月節」的說法。

雖然恭送花神的習俗如今已經不復存在，但我們仍然能從《紅樓夢》等一些古典名著中一窺當年的盛況：「（大觀園中）那些女孩子們，或用花瓣柳枝編成轎馬的，或用綾錦紗羅疊成千旄旌幢的，都用彩線繫了。每一棵樹上，每一枝花上，都繫了這些物事。滿園裡繡帶飄䬟，花枝招展，更兼這些人打扮得桃羞杏讓，燕妒鶯慚，一時也道不盡。」所謂「千旄旌幢」中的「千」，指的是盾牌；而「旄、旌、幢」都是古代的旗子。在芒種時節送花神，滿園的花、樹上都掛滿了飄揚的彩旗，從

中不難看出大戶人家在舉行這一儀式時的熱鬧場面。

芒種時節，煮梅煮酒

芒種時節正是南方的梅子成熟的時節。青梅中含有多種天然優質有機酸和豐富的礦物質，具有淨血、整腸、降血脂、消除疲勞、美容、增強免疫力等營養保健功能。然而，新鮮的梅子大多味道酸澀，難以直接入口，需要進行加工後才可以食用。而加工過程，就是「煮梅」。早在三國時期，就有「青梅煮酒論英雄」的典故。在古典名著《三國演義》中，對於這一情節更是有著極為生動詳盡的描寫。一盤青梅，一樽煮酒，曹操和劉備相對而坐，邊品著當令的美味，邊談論天下大勢。這種看似平淡、實則暗潮洶湧的場面，尤能體現中國人看事物那種因小見大的眼光。

打泥巴仗

芒種時節還有一個有趣的民俗，那就是在貴州的侗族聚居區舉辦的「打泥巴仗」。人們會在稻田里一邊插秧一邊互扔泥巴，等到活動結束後，誰的身上泥巴最多誰就是最受歡迎的人。

之所以會有如此有趣的習俗，據說是因為在侗族的傳統習慣裡，姑娘結婚後一般都不會先住在丈夫家，只有農忙和節慶時才到丈夫家小住幾天。因此，當丈夫家整好秧田並定下分栽秧苗的日子後，就要邀請很多年輕的男性朋友前來幫忙，再由新郎的姐妹去迎接新娘來丈夫家共同插秧。而新娘此時也要邀請自己的一些女伴一同前往。

　　當男女青年聚集到一起後，分插秧苗的勞動也就成了大家進行社交和娛樂活動的時間。在插秧的同時，男女之間你追我趕，小伙子們可以故意發出挑釁，往姑娘們的身上扔泥巴，而姑娘也要予以還擊。如果數人一起將對方抓住，還可以將對方直接按倒在水田中，使其沾上一身泥水。等到遊戲結束時，身上泥巴最多的往往就是最受對方青睞的人，然後大家再一起來到河邊，一邊清洗一邊繼續打水仗，就這樣度過歡樂的一天。

安苗節俗

　　在芒種時節，安徽還有一種傳統習俗，就是做包、粿等食物來慶祝「安苗」。

　　相傳「安苗」起源於唐末宋初，在清代道光年間逐漸興盛

壯大起來。據史料記載，芒種時節，當各家各戶的稻秧栽插完畢且五穀也下種收工後，各村的族長會召集德高望重的長輩選擇吉日，家家做包、粿以示慶祝。到了選定的「安苗」之日，不僅本村人可以隨意地走家串戶，外村人也被允許進村做客，品嚐安苗自製的包、粿一飽口福。

在如今的安徽，傳統的安苗活動已經被進一步發揚光大，形成了一年一度的「安苗節」。屆時，除了品嚐安苗的包、粿外，當地還會舉行以敬獻供品、祭旗、舞樂告祭等為主要內容的祭祀活動，而且在節日期間還隨處可見極具古徽文化韻味的童謠、雙龍戲珠、跳五猖、舞小龍、跑火馬、玩火獅等民俗表演。在結束了繁重的農忙之後，能有一場這樣隆重的活動來分享歡樂和喜悅，對當地人來說，無疑是讓人放鬆和開心的事情。

芒種迎端午

芒種時節，中國人還會迎來一個有著特殊意義的傳統節日——端午節。

據統計，每隔兩年就有一次端午節出現在芒種期間。端午節又被稱為「端陽節」、「端五節」、「蒲節」，它不僅是民

間四大節日之一，也是世界上唯一一個為紀念愛國詩人而設定的節日。與端午節有關的民間習俗很多，且各地也不盡相同，其中較為著名的有喝雄黃酒、吃粽子、吃綠豆糕、煮梅子、賽龍舟、掛蒿草艾葉等等。

傳說中，端午節賽龍舟是為了紀念屈原而舉行的活動。除此之外，這時的氣候也十分適合划船。而在浙江紹興，因為端午氣候不佳而把賽龍舟的時間改在了夏至。

　　說到端午節，就不能不說到偉大的愛國詩人屈原。相傳他在五月初五這一天投入汨羅江殉國，人們為了表達對他的崇敬之情，就把他投江自盡的日子定為端午節，以示紀念。

　　划龍舟是端午節上最為盛大的一項民俗。有關這一風俗的記載，最早出自南朝吳均所著的《續齊諧記》和宗懍所著的《荊楚歲時記》中。據說在聽說屈原投江的消息後，當地百姓馬上駕船趕來撈救，一直行至洞庭湖一帶也始終不見屈原。那時恰逢雨天，湖面上有小舟聚集在岸邊。當人們得知這是在救屈原時，停在岸邊的那些小舟也全部冒雨出動，爭相划進茫茫的洞庭湖。

　　因為百姓們擔心魚會吃掉屈原的屍體，於是紛紛從家裡拿來米團投入江中，這就是端午節吃粽子這一習俗的由來了。為了寄託對屈原的哀思，此後每逢五月初五這一天，人們便划舟江河之上，後來也就逐漸發展成了划龍舟活動。

　　到了端午節，人們常會在自家門口掛上艾草、菖蒲，還有人掛石榴花、龍船花和胡蒜等物。在舊時的中國人看來，菖蒲有驅邪避害的作用。

　　這種葉片呈劍形且生長於水中的植物，被認為有感「百陰

之氣」的功效，所以方士們也習慣稱其為「水劍」。在後來的民間風俗中，人們又將其引申為可以斬除千邪的「蒲劍」。清代顧祿在《清嘉錄》中就有「截蒲為劍，割蓬作鞭，副以桃梗蒜頭，懸於床戶，皆以卻鬼」的文字記載。

至於艾草，則是一種可以治病的藥草。舊時的中國人將其插在門口，認為可保身體健康、招來百福。關於艾草可以驅邪的說法也流傳了很久，宗懍在他的《荊楚歲時記》中就對此有過專門的記載：「五月五日，四民並蹋百草，又有斗百草之戲。采以為人，懸門戶上，以禳毒氣……雞未鳴時，采艾，見似人處，攬而取之，用灸有驗。」艾草和菖蒲還有奇特的芳香，可以驅蚊蠅蟲蟻。如今，艾草藥灸又在國內風行起來，成為和針灸、推拿齊名的理療保健方式。

在《荊楚歲時記》中，還有這樣的記載：「以艾為虎形，或剪綵為小虎，粘艾葉以戴之。」說的是除了掛艾草外，端午節還有戴艾虎的習俗，也就是用綾羅等物製成小老虎，用彩線穿起來，掛在釵頭或繫在小孩背上，用來驅鬼辟邪。

民間把蒲劍、艾虎、榴花、胡蒜、龍船花合稱為「天中五瑞」。把它們掛在屋內或是佩戴在身上，無不寄託了中國人祈

求健康、盼望平安的美好心願。即便是在今時今日，這些習俗仍舊在神州大地上廣為流傳。

端午節食俗

在《史記》「孝武本紀」注引中，有這樣一段文字：「漢使東郡送梟，五月五日為梟羹以賜百官。以惡鳥，故食之。」而這，就是古人關於端午節食俗的最早記載了。或許是因為梟很難捕捉的緣故，所以吃梟羹的習俗早已失傳。倒是端午節一定要吃的粽子，自東漢就一直延續下來。「粽子香，香廚房。艾葉香，香滿堂。桃枝插在大門上，出門一望麥兒黃。這兒端陽，那兒端陽，處處都端陽。」毫不誇張地說，從古至今，端午節吃粽子已經成為中國人必不可少的一項民俗了。

除了吃粽子，端午節還有飲雄黃酒的習俗，從前在長江流域極為盛行，比如在著名的民間傳說《白蛇傳》中就有飲雄黃酒的情節。因為雄黃酒確實具有殺菌驅蟲解五毒的功效，所以不僅俗諺中有「飲了雄黃酒，病魔都遠走」的說法，中醫甚至還用它來治療皮膚病。在古代，成人會用雄黃泡酒來祛毒解癢，而未成年的小孩則由大人在他們的額頭、耳鼻、手足心等處塗抹雄黃酒，以達到消毒、防病的目的。

芒種結語

芒種一過，轉眼就是夏至時節了。從這時起，真正意義上的夏天即將到來。

夏至：夏至時節天最長

我們都知道，當太陽直射北迴歸線時，北半球在這一天裡的白晝最長，在北極地區甚至還會出現永晝現象，而這一天，便是夏至。

夏至一般在每年公歷六月二十二日或二十一日。這一天，太陽到達黃經九十度，直射在北迴歸線。儘管日照時間變長，但是夏至時節並不是最熱的時候，因為此時地表的熱量還在進一步積累，只有到了「三伏」，才真正迎來酷熱的盛夏。

夏至三候

舊時的中國人又把夏至稱為「夏節」、「夏至節」。這一節氣同樣有三候：「一候鹿角解；二候蟬始鳴；三候半夏生。」說的是到了夏至的時候，陰氣漸生而陽氣漸衰，所以代表著陽性的鹿角便開始脫落；幾天後，蟬也因為感受到了陰氣而鼓翼鳴叫；再過幾天，「半夏」這種喜陰的藥草也開始在沼澤地或水田中出現。總而言之，在即將迎來酷熱難當的仲夏之際，一些喜陰的生物開始漸次出現，而那些喜陽的生物開始漸漸蟄伏

了。

夏至的氣候特徵

雖然人們在提到二十四節氣的時候常常會將它們相提並論，但這些節氣卻並非同時產生，而是古人通過對自然現象以及氣候變化的觀察逐漸總結而成的。而夏至，就是二十四節氣中最早被我們的先人確定下來的一個節氣。相傳在公元前七世紀左右，中國人便以土圭測日影的方法確定了夏至。據《恪遵憲度抄本》中記載：「日北至，日長之至，日影短至，故曰夏至。至者，極也。」由此可見，古人已經知道太陽在夏至這天會直射地面，且位置剛好到達一年中的最北端，白晝達到一年中最長的時間，日影也到了一年中最短的時候。

現今越加發達的科技勘測技術讓我們知道，在夏至這一天，海口的白晝長度約在十三小時左右，杭州為十四小時，北京約十五小時，而黑龍江的漠河則可以達到十七小時以上。

漫長的白晝對於作物的生長極為有利。民間把夏至過後的十五天分為三「時」，包括頭時三天、中時五天、末時七天。在此期間，作物的生長勢頭極快，而降水對於作物的產量也顯

得至關重要，俗諺中有「夏至雨點值千金」的說法。據《荊楚歲時記》中的記載：「六月必有三時雨，田家以為甘澤，邑里相賀。」可見，自古時起，中國人對夏至的「三時雨」就極為重視了。

到了夏至，天氣開始熱起來，田地裡的雜草長得更快，害蟲也越來越多，因此這時農家人更需要注意除草、除蟲。

中國民間自古就有「不過夏至不熱」、「夏至三庚數頭伏」的說法。這些經驗也在告訴我們，到了夏至時節，真正炎熱的夏天才剛剛開始。在這一節氣過後，氣溫會繼續升高，也就到了中國人常說的「暑伏」了。隨著農作物的長勢越加旺盛，雜草、病蟲也迅速滋生，這時的農家人就要更加注重除草和防治病蟲害。在一些高原牧區，一個水草豐美、牛羊遍野的畜牧黃

金季節也就此開始了。

　　當然，如果個別地區遇到了夏旱的現象，那麼到了夏至時節就有望結束這一狀況了。因為從夏至開始，降水量通常都會增大，給之前的旱情帶來有效緩解。而過多的雨水也極容易造成洪澇等災害，所以到了這一時節，人們還要做好防洪防汛的準備工作。

夏至養陽避寒邪

　　俗語中常有「夏至，陰生」的說法。這是因為從這時開始，儘管天氣變得越發酷熱，陰氣卻已經在悄悄滋長。從中醫的養生理論來看，夏至節氣是陽極陰生的重要轉折點。所以到了這一時節，人們一方面要順應夏季陽盛於外的特點，注意保護自身的陽氣；另一方面也要順應自然界陰陽盛衰的細微變化，更加注意避寒、驅濕邪。

　　中醫的養生理論還認為，到了夏至時節，人們要順應自然界陰陽盛衰的變化特徵，一般要晚睡早起，合理利用午休來彌補夜晚睡眠的不足。人們在夏至時節常常會感到全身睏倦乏力，時而還伴有頭痛頭暈的症狀，情形嚴重者甚至會影響日常生活。

究其根本原因，乃是隨著氣溫在這一時節不斷升高，人體通過排汗的方式散熱極易造成體內水分大量流失，如果不能及時予以補充就會導致人體的血容量減少，大腦供血不足後造成頭痛、頭暈等症狀。

另外人體出汗時體表血管會出現擴張現象，從而使更多的血液流向體表，這種血液的再分配也會讓血壓偏低，進而引發上述情況。所以在夏至時節，適當地補水、降溫對人體健康有著重要作用。

夏至時節的飲食養生，需要注意的事情也有很多，比如對於消化功能較差的人來說，就應該在飲食上保持清淡，要多吃雜糧來降低體內的熱度，不可食用過多的熱性食物；瓜果及冷食也不要過量食用，以免損傷脾胃。除此之外，考慮到夏季多汗會造成鹽分的大量損失，這時還應該多吃一些酸味食品以達到固表的作用，多吃鹹味食品達到補心的作用，這樣方能通過飲食來實現身體的代謝平衡。

鍛煉也是夏至養生中不可或缺的一個環節。這時的鍛煉最好選擇在清晨或傍晚，因為相對涼爽的天氣不會導致出汗太多傷及陰氣。如果遇到出汗過多的情況，則要適當飲用淡鹽水或

綠豆湯，不可大量飲用涼開水，更不能在運動後立即用冷水沖頭、淋浴，否則會引起寒濕痺症、黃汗等疾病。

　　另外，夏至還是冬病夏治的最佳時機。因為這個時節人體內的陽氣達到最旺，這對治療某些寒性疾病十分有利，既能夠實現以陽克寒的功效，還能調整人體的陰陽平衡，使一些宿疾從根本上治癒。如果得了支氣管炎、哮喘、風濕病、過敏性咽炎、過敏性鼻炎等疾病，應該在夏至時節，通過外敷、針灸以及飲湯藥等方法進行治療，達到冬病夏治的目的。

夏至防暑工具與飲食

　　夏至過後，也就進入了中國人常說的「三伏天」。這是一年之中最為炎熱的時期，極易出現中暑和熱病的狀況，因此舊時的中國人每到夏至時節都會驅鬼以求平安。在北方地區，每到三伏之際還有一個特別的風俗，那就是定期給小孩稱量體重，以此來觀察兒童的成長情況。

　　在沒有空調、電扇的古時候，中國人在防暑方面的點子可謂花樣繁多，甚至稱得上面面俱到。光是用以防暑的工具，就有傘、扇子、涼帽、涼席、竹枕等等。

　　相對而言，扇子無疑是年代最為久遠的一種防暑工具了。早在周代，就已經有了可以扇風取涼的羽扇。在馬王堆漢墓中，還曾出土過長柄扇。民間的扇子則因地而異，主要有芭蕉扇、蒲扇、羽扇、絹扇等不同種類。到唐代才出現了紙製的折扇，隨後發展為曲藝表演中不可缺少的一種道具。

在沒有電器的古代，扇子、涼席成了夏季必不可少的東西。此外，中國人講究「心靜自然涼」，只要保持良好的情緒，靜心養神，炎炎夏日也就不那麼難熬了。

　　古代流行的瓷枕，以及又被稱為「竹夫人」、「竹姬」、「青奴」的竹枕，也都是常見的防暑臥具。由於夏至時節天長且炎

熱，人在夜晚往往難以入眠，所以古人也習慣用睡午覺的方式來彌補睡眠的不足。炎炎夏日，能夠在陰涼之處枕著一個瓷枕或竹枕睡上一覺，想想都是一件美事。

除了瓷枕、竹枕，古人在夏季對於涼席的使用也十分普遍。涼席的種類很多，直至今日也仍然是夏季納涼安睡必不可少的一種臥具。依據材質不同，涼席又可分為葦席、籐席、竹蓆、象牙絲編製席等。其中，象牙絲編製席是由象牙劈絲編織而成的，這一織席技術據說自漢朝時就已經出現，到了清代更是成為廣東牙雕的絕活之一。技藝精湛的牙雕藝師們充分利用了象牙細緻的紋理與堅韌不易碎的特質，將用藥水浸泡過的象牙劈成薄片，反覆打磨，直到磨出潔白的光澤為止，然後再編絲製席。

據史料記載，明清兩代那些縱情於物質享受的帝王對這種象牙編製的涼席十分青睞，清康熙年間，宮中的牙雕工藝達到了前所未有的頂峰。每逢夏季到來，柔軟、涼爽的象牙絲編製席都是宮裡必不可少的一種臥具。然而製作一張象牙涼席需要耗費巨大的物資成本，雍正皇帝登基後，「躬行勤儉」之風大行其道，終於在雍正十二年（公元一七三四年）下令「禁廣東

象牙席，禁民間購用」，從此象牙絲編製席才逐漸減少。

　　除了使用這些工具降溫防暑外，游泳、戲水、旅遊避暑也是人們首選的消夏方式。當然，在所有的消暑方法中，人們最喜歡的還是夏令食品。

　　到了夏至時節，人們會攝入更多的冷食、涼食、瓜果等食物，以達到消暑降溫的目的。舊時的中國人，常以斗茶、涼湯來防暑；在商業空前繁榮的宋代，還有人當街擺下凳子銷售自製的冰飲；到了明清兩代，甚至出現了最早的刨冰。

　　中國各地的夏令食物不盡相同，在江浙一帶，夏令飲食有所謂的「三鮮」，其中「地上三鮮」為莧菜、蠶豆和杏仁，「樹上三鮮」為櫻桃、梅子和香椿，「水中三鮮」為海絲、鰣魚和鹹鴨蛋。此外當地人還多用吃涼粉、飲酸梅湯甚至是服用冰塊的辦法來防暑降溫；到了川北一帶，人們更喜歡在這一時節煮粥喝茶，那種用荷葉煮制而成的粥，不僅香氣清芬，還能緩解暑熱煩渴、頭痛眩暈等病症。

　　夏至也是瓜果大量成熟的季節。坐在瓜棚下一邊品嚐西瓜，一邊享受徐徐吹來的涼風，最是愜意不過了。

夏至民俗

在夏至時節，各地的風俗雖然大相逕庭，卻多數都和飲食有關。

在浙江紹興地區，人們要「做夏至」。所謂做夏至，即夏至日祭祀祖先，除了常規供品外，還會做一盤名為「蒲絲餅」的薄餅。另外，到了夏至時節，紹興人還會賽龍舟，據說是因為端午時紹興往往氣候不佳，自明、清以來賽龍舟活動便移至夏至，此風俗至今尚存。

而在北京，到了夏至這一天，各家麵館人氣都很旺。無論是四川涼麵、擔擔麵，還是紅燒牛肉麵、炸醬麵，各種麵條都很暢銷。在晉南地區，當地人會在入伏的第一天吃一碗涼麵，俗稱「吃伏麵」。至於其他地方，也有削麵為片、洗水為筋、涼拌而食的習俗。由此可見，麵食是這一節氣裡必不可少的食物。關於這一點，清代潘榮陛在《帝京歲時紀勝》中有著詳細的記載：「是日（夏至），家家俱食冷淘麵，即俗說過水麵是也……諺云：『冬至餛飩夏至麵』。」可見，中國人在夏至時節吃麵的習俗早已流傳甚久。

涼皮也是入夏後十分重要的一種麵食。這一歷史久遠的食

物，相傳起源於秦始皇時期，距今已有兩千多年的歷史了。傳說有一年陝西一帶大旱，稻穀枯萎，百姓無法向朝廷繳納足量的大米，有個叫李十二的人為了拯救鄉里，就用僅有的大米碾成麵粉，蒸成麵皮後進獻給朝廷。秦始皇吃過後大為喜愛，就下令宮中每天都要製作這種食物供自己食用，於是這種久負盛名的傳統小吃——秦鎮大米面皮子也就流傳下來，並最終演變成了如今的涼皮。

在民間，一直有「吃過夏至麵，一天短一線」的說法。而中國人之所以會選擇在夏至時節吃麵，一來是因為夏至是新麥登場的時間，吃麵就有了嘗新的意思；二來也是因為能在炎熱的天氣裡吃上一碗口味清淡的麵條，既有利於調和陰陽之氣，也是在提醒自己酷暑將至，需要做好進一步的防暑措施了。

夏至時節食用狗肉，則是客家文化的一個重要風俗。關於吃「夏至狗」的習俗，在客家的地方志中也有詳盡的記載。比如在民國十年（公元一九二一年）的《增城縣志》中，就有「夏至日，掰荔薦祖考，磔犬以辟陰氣」的文字。其中的「磔」，原意是指「古代用分裂牲畜身體的方式拜祭神明的一種禮俗」，這裡則有「食用」的意思。在清康熙二年（公元一六六三年）

的《乳源縣志》中，也有「夏至，啖犬肉，以滋陰氣」的文字記載。

事實上，從中醫的養生角度來講，夏至時節吃狗肉是一種不合時宜的錯誤做法。所以即便是同樣酷愛吃狗肉的潮汕人，也認為夏天吃狗肉會滋生人體內的「毒氣」，對人體的健康造成損害。

除了吃狗肉外，客家人還有在夏至這天吃荔枝的習俗。從中醫學的觀點來看，荔枝與狗肉一樣都是燥熱之物，所以才有「一粒荔枝三把火」的說法，然而粵北、桂南一帶的客家人卻選擇在夏至這天大吃荔枝，據說也是因為考慮到狗肉與荔枝合吃不熱的緣故。

夏至結語

夏至一過，太陽就要從北迴歸線向南移動了。儘管白天越來越短，但天地間積聚的熱量卻逐日上升，所謂的「三伏天」也在這時拉開了序幕。

小暑：六月六，曬龍袍

　　中國人常說「暑伏」，「暑」為暑熱，「伏」為藏伏。進入小暑，也就進入了通常所說的「三伏天」，天氣即將達到一年當中最熱的時候。到了這一節氣，整個中國幾乎都要在不期而至的暴雨和看似沒有盡頭的炎熱中度過。

　　小暑在每年的七月七日或八日，此時太陽剛好到達黃經一百零五度的位置。在古漢語中，暑就是炎熱的意思。舊時的中國人認為，小暑為小熱，是因為還沒到最熱的時候。《月令七十二候集解》中對此的解釋是：「暑，熱也，就熱之中分為大小，月初為小，月中為大，今則熱氣猶小也。」儘管還不到最熱的時候，但人們已經能夠明顯感到暑熱襲來，似火的驕陽和連綿的大雨在這時降臨到了大江南北的多數地區。

小暑三候

　　古時的中國人將小暑分為三候：「一候溫風至；二候蟋蟀居宇；三候鷹始鷙。」這也就是說，一旦到了小暑時節，連風都帶著熱氣，再也不是以往那種怡人心神的涼風了；此後幾天，

蟋蟀會因為過於炎熱而離開田野，來到庭院的牆角下避暑；再過幾天，老鷹也會因地面的氣溫太高而在高空中盤旋。

小暑話三伏

「三伏」分為初伏、中伏和末伏三個階段，是一年中最熱的時節。三伏的時間大致從小暑之後、處暑之前開始，具體的日期是由節氣的日期和干支紀日的日期相配合而確定的。初伏開始於夏至後的第三個庚日（指干支紀日法中帶有「庚」字的日期），通常在小暑節氣開始後的一周左右；中伏開始於第四個庚日，而末伏開始於立秋後的第一個庚日。通常來說三伏每伏都為十天，但在有些年份，中伏會長達二十天之久，每到這樣的夏天總會特別難熬。「三伏」的「伏」就有潛伏、藏伏之意，也就是說人在這一時節應待在家中，盡量避免戶外活動，防止中暑發生。

到了三伏時節，民間有很多的傳統食俗。俗諺中所說的「頭伏餃子，二伏面，三伏烙餅攤雞蛋」就很有講究。此時正值小麥收穫的季節，所以「三伏」的飲食才多與麵食有關。

「頭伏吃餃子」是北方地區的傳統習俗。到了三伏，由於

天氣炎熱，人們往往食慾不振、日漸消瘦，民間稱其為「苦夏」。在食物匱乏、營養較差的古代，當時的人們尤其是兒童常會受「苦夏」所累，所以更需要吃些開胃解饞的食物。而民間又素有「好吃不如餃子」的說法，所以也就有了「頭伏吃餃子」的習俗。

所謂「伏」，是藏伏的意思。小暑之後很快就是三伏，屆時天氣將真正炎熱起來，人們也不宜再曬太陽了，而應當多待在屋裡，以免中暑。

在山東的一些地區，人們用吃生黃瓜和煮雞蛋來應對「苦夏」。不過現代醫學認為，所謂的「苦夏」並不是一種病理學上的真正疾病，只要多食瓜果，就可以平安地度過「苦夏」了。

　　據史料記載，「中伏吃麵」的習俗至少從三國時期就已經開始了。在《魏氏春秋》中有「伏日食湯餅，以巾拭汗，面色皎然」的文字記載，而這裡所說的「湯餅」就是我們常說的熱湯麵。選擇在中伏吃麵，一來可以讓身體舒服，二來也有一些傳統上的講究。《荊楚歲時記》中對此的解釋是：「六月伏日並作湯餅，名為辟惡餅。」

　　在古時的中國人看來，五月為「惡月」，而緊接著的六月也多少沾了「惡月」的邊兒，所以就必須想辦法「辟惡」──吃麵就是辦法之一。除了熱湯麵，中伏還可以吃炒麵、過水麵。這裡的炒麵，並不是我們今天所說的炒麵條，而是用鍋將麵粉炒乾炒熟，然後用水加糖拌著吃。這種吃法從漢代起就已經廣為流傳，到了唐宋時期更為普遍。與現今稍有不同的是，那時都是先炒熟麥粒，再磨成麵來吃。唐代的醫學家蘇恭在其著作中也認為，炒麵不僅可以用來解煩熱，還有止洩、實大腸的功效，對身體是大有裨益的。

　　到了末伏，民間素有「烙餅攤雞蛋」的習俗。這種食物看似簡單，其實也很需要手藝。老北京人在製作這一美食時，通常都要在和好的麵糊中加入鹽和味精，然後再放置一個小時，

再把麵糊在煎鍋中攤成餅，最後才會把攤好的雞蛋倒在餅上，蓋上鍋蓋後等鍋中發出「咕咕」的聲音，這道「烙餅攤雞蛋」才算做好。吃的時候，還可以在上面撒上豆芽、菠菜等食材，既營養又美味，對酷暑中的人具有很好的滋補作用。

除了吃麵食外，伏天還有一些別的飲食習俗。比如徐州人就有入伏吃羊肉的習俗，稱為「吃伏羊」。在當地民間，甚至還流傳著「彭城伏羊一碗湯，不用神醫開藥方」的說法。徐州古稱彭城，因中國烹飪文化的鼻祖彭祖而得名。而原名籛鏗的彭祖，則是傳說中最善於養生的神奇人物，傳說中他活到了八百歲，因此被後人尊稱為彭祖。彭祖最擅長製作羊羹和雉羹，到了西周時這兩樣菜還被定為宮廷御膳。也正因為如此，徐州人才至今保留著「吃伏羊」的習俗。

關於徐州人「吃伏羊」的習俗，還有這樣一則傳說：古時一對父子得了怪病，久醫無效。直到有位老人告訴他們在入伏後每天吃些羊肉，七天內吃掉一隻，這樣在四十九天後就可以看到療效。父子倆聽從了老人的建議，最終真的治好了自己的病。人們知道後紛紛效法，從此徐州一帶再也沒有了生這種怪病的人，這個習俗也漸漸流傳了下來。

小暑「吃三寶」

到了小暑時節，民間素有「吃三寶」的習俗。所謂「三寶」，就是黃鱔、蜜汁藕和綠豆芽。俗話說得好：「小暑黃鱔賽人參。」舊時的中國人，很講究在小暑這天吃黃鱔。這種生於水岸泥窟中的魚類，在小暑前後一個月的時候最為味美，且具有很好的滋補效果。中醫認為，黃鱔性溫味甘，具有補中益氣、補肝脾、除風濕、強筋骨等作用。從成分上看，黃鱔肉的蛋白質含量較高，鐵的含量比鯉魚、黃魚高一倍以上，還可以降低血液中膽固醇的濃度，防治動脈硬化引起的心血管疾病，對積食不消引起的腹瀉也有著較好的療效。

天氣越熱，人們越喜歡口味清淡的食物，藕就是個不錯的選擇。因為它不僅口感清脆，還有消暑生津的功效呢。

除了黃鱔，小暑吃藕也是這一節氣裡的重要習俗之一。藕是中國人極為鍾愛的一種美食，清咸豐年間曾被欽定為御膳貢品。藕與「偶」同音，所以民間還用吃藕來祝願婚姻的幸福美滿。藕中含有大量的碳水化合物及豐富的鈣磷鐵等，具有清熱養血除煩等功效，特別適合在暑熱天氣裡食用。舊時的南京人在吃藕時通常都會把鮮藕用小火煨爛，切片後加入適量的蜂蜜，這樣食用起來不僅消暑生津，還有安神助睡的功效，對於夏季常見的血虛、失眠都有很好的治療作用。

到了小暑，中國人還喜歡吃綠豆芽。這種食物具有清熱解毒、利尿除濕的功效，同時因其熱量很低，水分和纖維素含量較高，還有促進腸蠕動的作用，是公認的夏季瘦身佳品。在食用綠豆芽時千萬不要隨便將綠豆皮丟棄，因為綠豆芽之所以擁有清熱解毒的功效，主要就是因為這層薄薄的綠豆皮。

六月初六天貺節

小暑時節，中國人又迎來了一個傳統節日，那就是六月初六的天貺節。這個節日又被俗稱為「回娘家節」、「蟲王節」，是人們藏水、曬衣、曬經書的最佳時機，也是舊時婦女回娘家、

人畜洗浴以及祈求晴天的重要節日。

　　據史書記載，天貺節始於宋哲宗年間。「貺（音曠）」就是今天的「賜」，「天貺節」有「天賜之節」的意思。這一天也是佛教中的一個重大節日——「翻經節」。傳說唐僧在西天取經歸來的途中，曾不慎將所有經書掉落到了海裡，全部撈起曬乾後才得以保存下來。即便是在今天，很多寺院也會在「翻經節」這一天將所藏經書拿出來翻檢曝曬，也算是應時應景的一種做法了。

六月初六民間傳說

　　關於六月初六，民間還有一些美麗的傳說。其中流傳最廣的，莫過於「百索子摺上屋」了。在民間傳說中，被分離在銀河兩岸的牛郎、織女只能在每年的七月初七這一天相會。因為銀河沒有渡船，所以喜鵲會為他們搭好鵲橋，幫助他們相見。舊時的中國人到了六月初六這一天，都會把孩子們在端午節戴在手上的「百索子」（也就是五色絲線）摺上屋頂，為的就是讓喜鵲銜去，以便在銀河上架起那座美麗的天橋。

　　在民間，六月初六也被俗稱為「姑姑節」。　在這一天，

農家人會把自己嫁出去的姑娘請回家中，好好招待一番再送回去。在舊時中國人的社會習俗裡，已經嫁人的女兒是不能隨便回娘家的，特別是在農忙時節或是重大節日時，女人都要在丈夫家生活。只有像農曆六月這樣的農閒時間，女人才有回娘家的時機和條件。在河南一帶，婦女回娘家時要包餃子、敬祖先。敬祖先時，要在祖墳前挖下四個小坑，每個坑中都放上一些作為供品的餃子，以此來表達對於祖先的尊敬與懷念。

農曆六月氣候濕熱，屋裡的物品很容易發霉。好在這時太陽也毒，正適合晾曬衣物。因此在六月初六這一天，民間漸漸有了曬書、曬衣的習俗。

關於「姑姑節」的由來還有個傳說。相傳在春秋戰國時期，晉國卿狐偃一向傲慢自大，甚至因此氣死了親家趙衰。恰逢晉

國在某年遭受災害，狐偃奉命出京放糧，他的女婿想趁這個時機殺掉他來為自己的父親報仇。狐偃的女兒得知此事後，連夜趕回娘家報信，好讓父親有個準備。直到這時，狐偃才意識到自己做了錯事，悔恨不已的他不僅沒有怪罪女婿，還改掉了自己的毛病。從此以後，狐偃在每年的六月初六都會把女婿、女兒接回家裡團聚。此事傳到民間後，也就逐漸演變成了婦女回娘家的「姑姑節」。

傳說六月初六還是皇帝曬龍袍的日子。正值盛夏的小暑時節，因為多降水容易導致物品發霉，這對於書籍、衣物的收藏都十分不利，所以只要遇上晴天，人們就會把家中的東西拿出來曝曬。在河南的民間俗諺中，還有「六月六曬龍衣，龍衣曬不幹，連陰帶晴四十五天」的說法。每到這一天，無論是朝堂之上，還是寺廟當中，又或是尋常百姓家裡，都有曬物、去濕、防霉、防蛀的習慣。

六月六各民族風俗

「六月六」不僅是漢族的節日，也是一些少數民族的重要節日。苗族、瑤族、布依族、土族等民族，都有自己極具特色

的慶祝活動。

因為農曆六月往往是百蟲滋生的時候，所以古人會在這時祭祀蟲王神，這就是「蟲王節」的由來。像青苗神、劉猛將軍、蝗螟太尉等等，都是各地供奉的蟲王神。在許多地方，人們在這一天裡都會舉行或大或小的祭祀活動。在遼寧的一些地區，人們會在這一天舉行八臘廟會，以此來達到自己驅蟲、祈雨的目的；在北京的善果寺，還會有占卜吉凶的數羅漢活動；在山東的民間，則要在這一天舉行東嶽廟會，祭祀東嶽大帝。

與漢族人不同的是，苗族人到了農曆六月初六這一天會舉行「趕歌節」。在湖南、貴州等一些地區，當地的苗族青年都會穿上節日的盛裝，聚集在歌場盡情地唱歌跳舞。

這一苗族傳統節日的歷史，可謂相當悠久。而關於這一節日的由來，也有很多說法。一種說法是當地的苗族人民在封建統治下生活得十分困苦，直到某一年的六月初六與前來徵糧的官兵發生了爭鬥，卻遭到了殘酷的鎮壓。從此以後，每年中的這一天，苗族人都會聚集在一起舉行歌會，以此來緬懷英烈；而另外一種說法則強調「趕歌節」是為了紀念忠貞無比的愛情。因為對歌是苗家人表達愛情、選擇情侶的主要方式，所以青年

男女會在這一天載歌載舞，舉行對歌比賽，最終能夠勝出的「歌王」，當然會受到更多人的青睞。

　　每到六月初六，就到了瑤族人的「半年」。所謂「半年」，從字面上的理解就是指一年過了一半的時間。為求得接下來的平安，所以要舉行一定的慶祝活動。傳說在很久以前，居住在山裡的瑤族整天忙於打獵種地，把祭祀神靈的事忘了個一乾二淨，甚至長年都沒上一炷香火。四方的神仙長期得不到人間的拜祭，只好向玉帝告狀。玉帝聽說此事後十分生氣，於是就派下瘟神和痧神來到人間作祟，但規定只有一年的限期，以免絕了瑤族人後路。奉旨辦事的兩位瘟神來到瑤山後，用橫行的疫病讓瑤族人吃盡了苦頭。

　　五月的一天，兩位瘟神在石榴樹下閒聊，恰好被一個瑤族人聽到了談話的內容。得知瘟神還要再過半年才返回天庭，瑤族人很快就採取了行動，那就是趕在六月初六土地公公過生日這天大辦一場祭祀活動。這樣的舉動讓兩位瘟神感到莫名其妙，只好在石榴樹下商量對策，結果又被瑤族人聽到了談話的內容。在得知瘟神因為沒有看到人們吃蘿蔔也沒有看到下雪，所以對這種過年才有的祭祀活動心生懷疑後，瑤族人又紛紛煮起蘿蔔，

並故意四處叫喊著孩子回家吃蘿蔔，還把石灰撒到了田間、房前。這一番折騰下，瑤族人終於騙過了兩位瘟神，讓他們提前返回了天庭，也讓自己平安地活了下來。此後，瑤族人也就有了六月初六過「半年」的習俗。

每到農曆六月前後，青海、寧夏、甘肅等地的回族、土族、撒拉族、保安族、東鄉族等少數民族還會舉行「花兒會」。「花兒會」的日期不一，其中以六月初六的「花兒會」最具盛名。「花兒」也被稱為「少年」，是上述地區的一種民歌。它又分為對唱和獨唱兩種，唱詞多是即興而作，且內容豐富多彩。

在「花兒會」期間，當地的少數民族都會穿上具有民族特色的服裝前來趕會，人數最多時甚至可以達到上萬人。人們撐著傘、搖著扇，或攔路相對、或席地而坐，開始縱情歌唱。很多藝術家也會慕名而至，或是參與其中、或是忙於采風。

時至今日，「花兒會」的規模越來越大，在甘肅蓮花山和青海五峰山都會經常舉辦這一盛會，並以此吸引來自全國乃至全世界的遊客前來參觀。

小暑談養生

　　到了小暑節氣，養生首先更應當注意降溫消暑。醫學專家認為，酷暑時節，通過「食療」能夠有效改善人體對炎熱的不適感，如西瓜、黃瓜、冬瓜、茄子、綠豆等味甘性涼的食物，具有去暑、清熱、解毒的功效，能讓人更好地適應高溫天氣。

　　小暑養生，起居也要講究。首先作息要定時，可於晚上十點至十一點就寢，於早上五點半至六點半起床，養成良好習慣。

　　小暑養生，注重的是消暑降溫，講究的是平心靜氣。另外，不要在戶外的木器上久坐，以免受到濕氣侵擾。

為了保證充沛的精力，午飯後半小時最好睡一會兒。實驗表示，每天午睡三十分鐘，冠心病的發病率能減少三成。

氣候炎熱，很容易使人產生心煩不安、疲倦乏力的症狀，所以在小暑時節的自我養護和鍛煉更要保持平心靜氣的狀態，確保心臟機能的正常運轉。在中醫的養生理論中，特別強調一個「平」字，即不大喜大悲。

此外，還要避免因久坐而著涼的情況發生。俗諺中有「冬不坐石，夏不坐木」的說法，說的就是小暑過後，長期放置在露天環境下的木製器具會積蓄過多的潮濕之氣，在上面坐得久了就會誘發痔瘡、風濕、關節炎等疾病。

到了小暑時節，飲食勿過量，適度更養生。中醫有「飲食自倍，腸胃乃傷」之說。進入夏天，很多人喜歡在大排檔喝啤酒，這很容易傷及脾胃。因此一定要控制飲酒量，以免誘發腸胃疾病。

小暑結語

在現代人看來，如此漫長的夏季裡又何止小暑、大暑兩個節氣被貼上炎熱的標籤呢？更讓我們無法理解的是，如果說小

暑還不到最為炎熱的時候，那麼此時的酷熱難當又該怎樣解釋呢？其實，如果換個角度想想，也就不難理解制定二十四節氣的中國人所特有的那一份堅韌和樂觀心態了。也正是因為有了這樣的樂觀精神和堅韌性格，中國人才能走過如此悠長的歷史長河，使得中華文明延續至今。它的古老和神秘，它的堅韌和獨立，不正是我們傲視東方、屹立世界的最大財富嗎？

大暑：腐草為螢，大雨時行

小暑過後，中國人也就迎來了一年當中最熱的一個節氣——大暑。

這時的天氣，已經變得酷熱難耐了。南至海南，北至黑龍江，幾乎全國所有地方，人人汗流浹背。「炎熱」這個詞，對於此時的中國人而言，已經變成了一種實實在在的體驗，一份擺在眼前的「災難」。而這一時節的天氣，要麼悶熱無比，要麼大雨傾盆，要麼驕陽似火，要麼雷鳴電閃，這就是大暑時節天氣的最大特徵。大暑來了，一切都被籠罩在一片如火的焦熱中。

大暑，也是夏季裡最後一個節氣。它在每年的七月二十三日或二十二日如約而至，而此時的太陽也剛好到達黃經一百二十度的位置。在《月令七十二候集解》中，對於這一節氣有著如下解釋：「六月中……暑，熱也，就熱之中分為大小，月初為小，月中為大，今則熱氣猶大也。」《通緯·孝經援神契》中也有這樣的文字記載：「小暑後十五日斗指未為大暑，六月中。小大者，就極熱之中，分為大小，初後為小，望後為大也。」

即便是按照「三伏」的分佈來看，大暑也恰好就在「中伏」前後，絕對是一年裡最熱的時候了。

夏季最後一個節氣空前的炎熱，而且天氣變化無常。人們除了消暑納涼，還要注意躲避突然降下的大雨。

大暑三候

古時的中國人，將大暑分為三候：「一候腐草為螢；二候土潤溽暑；三候大雨時行。」這就是說到了大暑節氣，螢火蟲會卵化而出。因為古人不知道螢火蟲是從枯草中卵化出來的，還以為這是一種由腐草變化而來的昆蟲，所以才有了這麼一種看似荒誕的說法；大暑後再過五天，土壤內的濕氣變得更加溫

潤，俗稱「齷齪熱」的天氣也因為濕度的加大而成了典型的「桑拿天」；這樣再熬過五天後，過重的水汽將會形成大雨重新降回到大地上，多少可以去除一些讓人難以忍受的暑氣。

大暑時節是華南地區一年當中日照最多、氣溫最高的時期，也是華南西部地區雨水最為豐沛、雷暴最為常見、且攝氏三十度以上的高溫天氣最為集中的時期。在這樣一個節氣裡，喜溫的作物會飛速生長，蟋蟀也會大量湧現在田野間，以至於很多地區的人們在茶餘飯後都會以鬥蟋蟀為樂。

在俗諺中還有「東閃無半滴，西閃走不及」的說法，意思就是說在夏天午後，閃電如果出現在東方，那麼雨水往往不會降落在自己所在的地方；而如果閃電在西方出現，那麼雨水很快就會降臨到自己的身邊，其速度之快簡直連躲避都來不及。人們常把夏季午後的雷陣雨稱為「西北雨」，還有「西北雨，落過無車路」、「夏雨隔田埂」以及「夏雨隔牛背」等等說法，這些都形象地說明了夏季的雷陣雨通常都會出現「隔街無雨」的奇特現象。正如唐代詩人劉禹錫的詩句所說的那樣：「東邊日出西邊雨，道是無晴卻有晴。」

大暑氣候及農事

「稻在田里熱了笑，人在屋裡熱了跳。」

到了大暑時節，高溫天氣對於農作物的生長十分有利，但也會給人們的日常生活造成諸多不便。在最高氣溫超過攝氏三十五度的情況下，中暑的人會隨著氣溫不斷上升而明顯增加。特別是在長江中下游地區，似火的驕陽再加上微弱的風勢和極強的濕度，往往會叫人感到悶熱難當。

中國聞名的三大火爐——南京、武漢和重慶，平均每年的炎熱天數多達十七到三十四天。比「三大火爐」更熱的一些地方，如安慶、九江等地，其全年平均炎熱天數甚至在四十天以上。毫不誇張地說，整個長江中下游地區就是一個巨大的「火爐」，所以生活在那裡的人們就更是把防暑降溫作為頭等大事了。

在大暑節氣裡，很多地區的旱、澇、風災害也最為頻繁，這就需要當地的農家人在搶收搶種、抗旱排澇防颱風以及日常的田間管理方面花費更多的時間和精力。農諺中素來就有「禾到大暑日夜黃」的說法，對於那些種植雙季稻的地區而言，每逢大暑時節，都是水稻即將成熟的關鍵時刻，而一年中最為艱

苦的搶收也已在此時開始。

俗話說得好：「大暑不割禾，一天少一籮。」能夠適時地收穫早稻，就可以減少風雨造成的災害，確保自己的豐產豐收。當然，在搶收的同時，農家人還要搶栽。只有力保在七月底前完成晚稻的栽種，才能充分滿足其對日照的需求，直至最終豐收。

「大暑天，三天不下乾一磚。」這樣的俗語，已經充分說明了盛夏時節水分蒸發極快的特點。如果這時不下雨，土地很快就會出現乾旱的跡象。尤其是在長江中下游地區，正值伏旱期的作物對於水分的需求更為迫切，真是「小暑雨如銀，大暑雨如金」。此時也是棉花、大豆等作物需水的高峰期，一旦無法達到需求的水量，後果將不堪設想。

在這樣的炎炎夏日裡，辛勤奔波在田里的中國人是很難閒下來的。他們如此辛勞，才換來生活的延續。世世代代，吃苦耐勞的中國人就這樣在希望與失望的交替中生存下來。對於他們來說，勞作已經習以為常，生活在他們眼裡算不上艱難。這樣想來，還有什麼是中國人不能忍受的呢？

大暑各地民俗大觀

在中國台灣，人們在大暑時節通常會有很多飲食上的習俗。比如當地人一直有「大暑吃鳳梨」的習慣，因為這時的鳳梨剛好到了口感最佳的時候。另外，大暑時節通常還會趕上六月十五的「半年節」，台灣人會在這一天拜祭神明，全家聚在一起吃「半年圓」。這是一種用糯米磨成粉再和上高粱面搓成的甜食，取的是團圓與甜蜜的美好寓意。

除了吃「半年圓」，台灣人還會在這一時節吃「仙草」。這裡所謂的「仙草」又名涼粉草、仙人草，具有神奇的消暑功效，是重要的藥、食兩用植物。其莖葉在曬乾後可以做成「燒仙草」，也就是廣東一帶所說的涼粉。

在台灣當地的俗諺中有「六月大暑吃仙草，活如神仙不會老」的說法。作為當地最為著名的小吃之一，「仙草」有冷、熱兩種吃法，其外觀和口味與廣東一帶流行的龜苓膏相似。能在大暑時節吃到這種消暑滋補的美食，恐怕是再享受不過的一件樂事了。

福建的莆田人也有自己消暑避夏的飲食習慣，他們更喜歡吃荔枝、羊肉和米糟。作為莆田特產的荔枝，其中又以「宋家

香」、「狀元紅」和「十八娘紅」最為馳名。時值大暑節氣，成熟的荔枝已掛滿枝頭，芳香四溢。在莆田人看來，選在大暑節氣的當天把鮮荔枝浸泡在冷井水中，然後再取出食用，其清涼甘美會讓人感到無比愜意。

大暑時節正逢荔枝成熟。新鮮荔枝冷藏後食用清涼甘美，是炎熱天氣裡難得的享受。

此外，莆田人在大暑時節還要吃「溫湯羊肉」。「溫湯羊肉」是莆田當地最為獨特的風味小吃，也是一種高級菜餚，其具體做法是把羊宰殺後去除毛和內臟，然後整隻放進滾湯的鍋裡煮沸，之後把羊肉撈起放入大陶缸中，再把鍋內的滾湯注入缸中，浸泡一定時間後再取出食用。吃的時候，要把羊肉切成薄片，這樣才能保證其肉肥汁鮮，味香可口。每到大暑時節，供不應求的莆田羊肉剛一上市，很快就會被搶購一空。

至於莆田人的另一消暑美食——米糟，其具體做法則是先

將米飯拌以白米曲使其充分發酵、熟透成糟，等到大暑當天再將其切成小塊，加上紅糖煮製而成。在莆田人看來，吃米糟可以「大補元氣」，所以在當地人的大暑餐桌上，米糟從來都是不可缺少的重要食物。

山東棗莊還有在大暑節氣喝羊湯的習俗，稱為「喝暑羊」。每到大暑時節，當地市民會特意到羊肉湯館喝羊湯。當地人認為伏天的羊肉營養價值更高，另外喝羊湯還能排出三伏天人體內的積熱。試想在酷熱的暑天，喝著熱騰騰的羊湯，揮灑淋漓的汗水，不僅能一飽口福，還能排毒消暑，真是一件痛快的事呢。

在浙江台州一帶，則流傳著送「大暑船」的習俗。這項民俗在台州沿海已經有幾百年的歷史了。據史料記載，清同治年間，葭沚一帶常有疫病流行，尤以大暑節氣前後最為嚴重。當地人認為這是「五聖」（相傳「五聖」為張元伯、劉元達、趙公明、史文業、鍾仕貴這五位凶神）作怪，所以就在葭沚江邊修建了五聖廟，此後鄉人倘若生病就向五聖祈禱以求驅病消災。

又因為葭沚地處於椒江口附近，所以生活在這裡的漁民為保一方平安，就決定在大暑這一天集體供奉「五聖」，並用漁

船將供品沿江送至椒江口外，以便「五聖」更好地享用。而這就是送「大暑船」這一習俗的起源了。

時至今日，送「大暑船」已經演變成葭沚一帶的民間盛會。每當大暑節氣到來前，各方人士就會提前做好準備工作，組織者會請木工趕造船隻並燒香求神，那些還願謝罪者、做買賣的生意人、民間藝人、戲班演員也會從四面八方趕來。一時間，整個葭沚街頭人來人往，一派熱鬧景象。

作為整個盛會最重要的主角，「大暑船」會完全按照舊時的三桅帆船縮小後的比例進行建造，船內裝有各種祭品。等到活動開始後，五十多位漁民會輪流抬著「大暑船」在街道上行進，同時還會奏響鼓樂號角，燃放鞭炮。街道的兩旁則站滿了祈福的人群。「大暑船」被運送至碼頭後，還會進行一系列的祈福儀式，隨後才會被眾多漁船拉出漁港，最後在大海上點燃後任其沉浮，以此來表達人們祈求五穀豐登、生活安康的美好願望。

除了送「大暑船」，台州人還有在大暑節氣吃「薑汁調蛋」的風俗。所謂的「薑汁調蛋」，其實就是雞蛋羹的一種。

其具體做法是在打散的蛋糊中加入煮沸後冷卻的薑汁，再

加入少許的冰糖和黃酒進行調和，等到調好後放入碗中蒸製，期間還可以放入少許核桃。這種「薑汁調蛋」口感香辣，具有很好的滋補作用，還能祛除體內的濕氣，最適合在酷暑天氣裡食用。

大暑養生事宜

俗話說得好：「小暑不算熱，大暑三伏天。」高溫和潮濕，是這一時節最為明顯的氣候特點。每到大暑之時，就更要多吃一些消暑清熱、化濕健脾的食品，這樣才能有效地防止中暑等症狀的發生。

所謂「天生萬物以養民」。到了大暑時節，宜多食度暑粥，既可消暑又可補充人體所需營養。「度暑粥」有綠豆百合粥、薏米小豆粥及西瓜翠衣粥等，有補氣清暑、健脾養胃的功效。另外，多吃應季的蔬菜和水果也可以有效防暑。

除此之外，民間還有大暑吃童子雞的習俗。這種剛剛成熟尚未配育過的小公雞，體內都含有一定的生長激素，對於正處在生長發育期的孩子以及中老年人來說，無疑具有很好的補益作用。

　　當然，吃鴨也是一種營養滋補的有效方式。鴨子常年在水中生活，屬性偏涼，其肉對於滋五臟之陽、清虛勞之熱都有著十分突出的功效。民間流傳的「大暑老鴨勝補藥」的俗語，已經說明了吃鴨大有益處。能在大暑節氣吃上一隻鴨子，尤其是那種經過整整一個冬春攝食後的老鴨，其滋補效果會更上一層樓。

　　在大暑的養生法則中，除了適當地滋補身體外，還有一些事項也要注意。

　　比如在鍛煉身體時一定要補充足夠的水分，心腦血管病患者一定不要從炎熱的環境中快速進入到低溫的房間裡等等。還要注意的一個細節就是，如果在大暑時節起了痱子，千萬不要用冷水洗澡。這是因為冷水會使皮膚的毛細血管驟然收縮，導致汗液的排泄不暢，這樣反而會使痱子加重。

　　家中有小孩的也要格外注意一件事，那就是在給孩子洗澡時應使用略高於人體皮膚溫度的水，洗完澡後不能馬上給孩子擦痱子粉，因為此時的毛孔還未收縮，痱子粉會堵塞毛孔，同樣會讓痱子加重。

大暑結語

　　大暑代表著一個生機勃勃的盛夏，更孕育著一場即將到來的豐收。大暑過後，就是秋天了。那是一個閃著金色光芒的季節，一個注定會給中國人帶來更多喜悅和成就感的季節。

秋 收

立秋：雲天收夏色，木葉動秋聲

　　從立秋節氣開始，秋天就算是到來了。

　　古人云：「一葉知秋。」到了立秋，天氣由酷熱逐漸轉涼，梧桐葉始見凋落，勞作一夏的農家人熬過了炎炎夏日，終於看到了豐收的希望。然而，從另一個角度來看，古人還有「愁是心上秋」的說法。隨著秋天的到來，悲愁情緒也再次不期而至。古往今來，一代代中國人在這個不無傷感的季節裡或寫下詩歌，或繪出畫卷，來描摹自己眼中的秋天。其中最為典型的，就是唐代詩人李益在其作品《立秋前一日覽鏡》中寫下的句子：「萬事銷身外，生涯在鏡中。惟將兩鬢雪，明日對秋風。」其中的傷感之情，溢於言表。

　　每年的八月八日或七日，也就是太陽到達黃經一百三十五度的時候，就是立秋節氣了。從文字的角度來看，「秋」字由「禾」與「火」組成，有「禾谷成熟」之意，因其時值「暑去涼來」之時，所以也意味著萬物肅殺的氣候特徵由此正式開始。在《月令七十二候集解》中，關於這一節氣有著如下解釋：「七月節，立字解見春（立春）。秋，揫也，物於此而揫斂也。」說的就

是隨著秋天的到來，萬物或成熟或潛藏，大都收斂了生機。

立秋三候

　　古時的中國人，將立秋分為三候：「一候涼風至；二候白露生；三候寒蟬鳴。」這也就意味著到了立秋時節，刮的風再也不是夏天的燥熱之風，而是一股明顯的涼爽之氣；再過五天，人們會在草木上看到大顆的露珠，這是因為到了立秋，晝夜溫差變大，水汽在夜間遇冷後會凝結成水珠，且散發出白色的光芒；再過五天後，感受到陰冷之氣的寒蟬也會開始鳴叫。這種

寒蟬的叫聲低微淒涼，提醒人們秋天已到。古人常用這種意象來表達悲愁的情緒，正符合秋天的特點：天氣漸涼，萬物開始由繁盛轉為衰敗。

遇冷而發出低微叫聲的昆蟲一直就是中國詩歌裡的重要意象，通常都被用來表達一種悲感的情緒，比如柳永的千古佳句「寒蟬淒切，對長亭晚，驟雨初歇」，表達的就是這樣的一種傷感心境。

立秋的氣候與農事

　　古人十分重視立秋，把立秋當作夏秋之交的重要時刻。然而，到了立秋時節，也並不意味著所有的地方都會同時進入秋季。從科學的角度講，要準確地劃分氣候季節，是要根據「候平均溫度」（即連續五天的平均氣溫）來進行的，也就是說，在當地平均溫度連續五天都在攝氏二十二度以下的時候，才能算是真正地進入了秋季。另外，由於三伏天的末伏在立秋後的第三天才剛剛開始，所以到了立秋時節，中國南方的很多地區還處於夏暑之時，再加上所謂的「秋老虎」的來臨，南方很多地區會變得更加酷熱，所以中醫才會把立秋到秋分的這段日子稱為「長夏」。

　　至於上文中提到的、中國人常常會說到的「秋老虎」，其實也是立秋後的一個十分鮮明也十分有趣的天氣特徵。對於這

種短期回熱的天氣，歐洲人會習慣性地將其稱為「老婦夏」，而生活在北美地區的人則稱其為「印第安夏」。在中國，「秋老虎」一般出現在八、九月之交，持續大約一周或是半個月左右的時間。

由於中國地域遼闊，「秋老虎」在南北各地的表現也略有不同。比如在華南地區，「秋老虎」要比長江流域來得遲一些，甚至可以延後一到兩個月的時間。另外「秋老虎」還有「去了又回」的特點，而這樣的現象則與副熱帶高壓的移動有關。總的來說，「秋老虎」雖然氣溫較高，但其早、晚兩端已不是很熱，不至於令人悶熱得喘不過氣來。

俗諺中有「立秋三場雨，秕稻變成米」、「立秋雨淋淋，遍地是黃金」等等的說法。這是因為一旦到了立秋時節，中國大部分地區的氣溫仍然偏高，各種農作物的長勢旺盛，對於水分的要求十分迫切。大豆需要結莢，玉米抽雄吐絲，棉花開始結鈴……如果此時遭遇到乾旱，將會給農家的收成造成難以補救的損失。

立秋時節也是農事活動極其繁重的時候。首先，這段時期是棉花保伏桃、抓秋桃的重要時期。俗諺中素有「棉花立了秋，

高矮一齊揪」的說法。在這一關鍵時刻，打頂、去老葉、抹贅芽等各個工序都要及時跟上，才能保證棉鈴正常成熟吐絮。此外，這一時期還是茶園秋耕的最佳時機。所謂「七挖金，八挖銀」，說的就是茶農一定要趁著立秋的時候耕挖茶園，這樣既可以消滅雜草，疏鬆土壤，也能讓使茶樹的秋梢長得更好。

除此之外，立秋時節也要著重防治病蟲害，加強預測預報，並及時噴灑藥物殺蟲。北方的冬小麥也要在這時開始播種了。勞作不停，也就意味著收穫不止，這是世世代代生活在這片土地上的中國人的最大美德，也寄託著他們最美好的希望。

立秋傳統民俗

作為整個秋季的開始，中國人歷來就很重視立秋這一節氣。每到立秋之際，各地總會進行一些特別的紀念活動，因此也留下了很多有趣的民間習俗。

據《禮記・月令》中的記載，到了立秋這一天，周天子會親率三公六卿諸侯大夫到西郊迎秋，並舉行大規模的祭祀少皞（西方天帝）和蓐收（秋神）的儀式。這種儀式一直流傳到了漢代。

　　到了唐代，立秋的習俗又出現了一些新的變化，帝王在立秋這天還要祭祀五帝，《新唐書‧禮樂志》中就有「立秋立冬祀五帝於四郊」的記錄。到了宋代，皇宮在立秋這天還要把栽在盆裡的梧桐移到殿內，太史官還要在立秋時高聲奏報「秋來了」。隨著他的上奏，梧桐還要應景地落下一兩片葉子，取其「報秋」之意。

　　除了朝堂之上要有這種專門的「報秋」儀式，宋代民間也流行著男女要在立秋這天戴楸葉的習俗，此外據《臨安歲時記》中的記載，當時的中國人還有用石楠的紅葉剪成花瓣簪插在鬢邊，並用秋水吞食七粒小赤豆的社會習俗。這些習俗都延續到了明朝。

　　「秋社」也是古時立秋的重要習俗。始於漢代的「秋社」原是秋季祭祀土地神的日子，後來被定為在立秋後的第五個戊日進行。到了這一天，官府和民間都要祭神答謝。宋代還有在「秋社」期間食糕、飲酒、婦女歸寧等等習俗。時至今日，在一些地方仍舊流傳著「做社」、「敬社神」、「煮社粥」的做法。

　　清代以後，又出現了在立秋這天「懸秤稱人」的習俗，還要把得出的結果和立夏當天秤得的體重相比較，以檢驗經過整

個夏天後人是變胖還是變瘦了。自民國以來，中國人又陸續形成了在立秋吃西瓜、四季豆嘗新和祭拜祖先的風俗，還會用紅紙寫下「今日立秋，百病皆休」等字樣貼在牆上，婦女還會用紅布剪成葫蘆形，縫在兒童的衣服背後，以此來驅病除災。這些習俗無不表達了古人對於健康體魄和美好生活的祈求與嚮往之情。

貼秋膘和咬秋

在中國北方的很多地方，還有所謂「貼秋膘」、「搶秋膘」的習俗。人在炎熱的夏季中會大量地出汗，在流失水分的同時，也會造成食慾不振，身體消耗巨大。到了立秋時節，隨著天氣的逐漸轉涼，人們的胃口也開始漸漸恢復，這就需要把夏天掉的「膘」重新找補回來，於是也就有了這種「貼秋膘」、「搶秋膘」的做法了。每逢這時，人們都要製作美食佳餚犒勞自己，而其中的首選就是吃肉。在這一天裡，普通百姓家都要吃燉肉、吃肘子，講究一點兒的人家還會吃白切肉、紅燜肉。

除了「貼秋膘」、「搶秋膘」，立秋這天還有「咬秋」的習俗。「咬秋」也叫「啃秋」，是中國民間保留最廣的一種立秋習俗。具體說來，就是一家老小要在立秋這天吃西瓜。在古

人看來，這天吃西瓜可以免除冬、春兩季出現腹瀉的狀況。清代《津門雜記・歲時風俗》中記載：「立秋之時食瓜，曰咬秋，可免腹瀉。」另外，由於西瓜多子，所以民間也認為西瓜有著「多子多福」的寓意，這種水果就更加得到青睞。

在天津，人們講究在「咬秋」時吃西瓜或香瓜，寓意在熬過一個夏季後要將秋天咬住；在江蘇等地，則流行著「吃西瓜不生秋痱子」的說法；到了江浙一帶，人們要在立秋這天吃西瓜、喝燒酒，以此來防止瘧疾的發生；在一些農村，人們除了吃西瓜、香瓜等水果，還會選擇山芋、玉米等食物。而此時的「咬秋」，也已不再只是一種簡單的民俗活動了，其中還蘊含著人們對於豐收的喜悅之情。

民間在立秋這天有吃西瓜的習俗，叫作「咬秋」，據說這樣可以防治腹瀉，免生痱子。

搭火炕、曬乾菜

在東北，除了貼秋膘外，還有兩項特別習俗，即「搭火炕」和「曬乾菜」。

東北人習慣在立秋搭火炕。據說這不僅與進入立秋後天氣乾爽有關，還與麥收有著密切的聯繫。立秋時節，正是麥收結束的時候，東北的農民便把剩下的麥殼摻在乾淨的黃土裡，做成土坯，用來搭火炕。這樣的土坯搭成的火炕保溫、隔熱、防潮，對風濕骨病、老寒腿都有一定的療效。

除了搭土炕，立秋也是曬乾菜的最佳時節。到了立秋，東北幾乎家家戶戶都在晾衣竿上曬滿茄子、辣椒、黃瓜、豆角等菜。這個習俗與東北的氣候有關，從前東北一到冬天幾乎很少吃到青菜，所以人們會把青菜曬乾以備冬天食用，豐富冬日的飲食。如今東北人曬乾菜更多是因為乾菜有著特殊的口感，即便一年四季都有新鮮的蔬菜，乾菜仍是無可取代的美味。

秋忙會、秋收互助

到了立秋時節，也就到了秋收的季節。

這時的農家人，通常都會舉辦所謂的「秋忙會」，來為接下來的秋收做好準備工作。　「秋忙會」一般會在農曆的七、八

月舉行，是一次貿易大會，所以有的地方也會將其跟廟會結合起來舉辦，目的就是為了交流生產工具、變賣牲口、交換糧食以及生活用品等。為了把「秋忙會」辦得更好，會場內會設有專門的騾馬市、糧食市、農具生產市、布匹市、京廣雜貨市，還會有戲劇演出、跑馬、耍猴等文藝節目助興。如今的農家人已把這類集會改稱為「經濟貿易交流大會」，也算是追趕潮流了。

結束了「秋忙會」後，真正的秋忙時節也就由此開始了。在農村，人們普遍有互助秋收的習俗。大家你幫我、我幫你，搶收著已經成熟的作物。在彼此互助的過程中，人們的分工十分明確，有負責收割的，有分管運輸的，還有在家裡準備飯菜的……到了秋忙時節，就連兒童也會放農忙假，以便在田間地頭為大人們打打下手。一般來說，秋收互助就是看誰家的作物成熟得早，大家就先幫助誰完成收割工作。這樣既不違農時，又能更好地做到顆粒歸倉。

立秋時節的飲食民俗

立秋時節，儘管各地之間的飲食風俗大不相同，但都有一

番別樣的風味。

　　在山東萊西地區，流行著立秋吃「渣」的習俗。所謂的「渣」，其實就是一種用豆沫和青菜做成的小豆腐。當地素有「吃了立秋的渣，大人孩子不嘔也不拉」的俗語，這種看上去不起眼的小吃在當地很受歡迎。

　　在江南一帶，還有在立秋這天吃秋桃的習俗。無論大人還是孩子，每個人都要吃上一顆秋桃，吃完後還要把桃核收藏起來，直到除夕當天再把桃核丟進火爐中燒成灰燼。當地人認為，這樣做就可以免除一年的瘟疫。儘管這種做法並沒有科學根據，但秋天吃桃確實是對身體大有裨益的一種食補之法。從中醫學

秋也意味著豐收。莊稼陸續成熟，農戶們通常會互相幫忙收穫，有時連小孩也要搭一把手，這樣才能保證收割及時、顆粒歸倉。

的角度來看，吃秋桃可以補養夏季消耗的陰氣，利用桃子的生津功能還可以預防秋季的乾燥。中國人自古就有「桃養人」的說法，正是因為這種性溫的水果具有補氣養血、養陰生津的功效。

中國的川蜀地區則流行著喝「立秋水」的習俗。具體說來，就是全家老小都要在立秋這天喝上一杯水，據說這樣就可以消除積暑，秋天不會拉肚子。需要指出的是，在關於立秋的很多民間習俗中，多數都和防止痢疾有關，可見舊時的中國人對於秋季腹瀉有著很強的防範意識。

說到防止秋季腹瀉，義烏當地在立秋這天還有一項特別的習俗，那就是吃小赤豆。從唐宋時期開始，義烏就已經有立秋這天用立秋水服食小赤豆的風俗了。屆時，人們會準備好七到十四粒小赤豆，用井水吞服，而且服用時一定要面朝西方，據說這樣就可以在整個秋天不得痢疾。

川東地區的人們還有立秋時節吃「涼宵」的民間習俗。這種所謂的「涼宵」，乃是用優質糯米製作、再進行冷凍的一種粥食。之所以要吃這種特製的冰粥，一方面表達的是當地人祈求風調雨順、五穀豐登的心願，另一方面也有夏季將盡、秋季

將臨的象徵意義。

在台灣地區，人們會在立秋這天吃龍眼肉，據說這樣做就可以使子孫後代有望做官。因為龍眼還有「福圓」的別名，所以台灣民間才流傳著「食福圓生子生孫中狀元」的說法。

除了飲食習俗外，古時的中國人還有很多關於立秋的禁忌，其中多數都與保護秋收的成果有關。比如雲南有些地方就禁止在立秋這天行走於田間地頭，以免對秋收造成不利影響；而在河南、江蘇、湖北一帶，人們還擔心立秋這天會出現雷、雨、大風天氣。還有一些地方乾脆就禁止在立秋當天洗澡，認為那樣做會讓人在整個秋季腹瀉不止。

立秋談養生

作為夏秋交替的一個節氣，立秋時節的天氣變化較為顯著，所以人體也更加需要適當的調養。從中醫學的角度來看，一年當中可以大致被分為五季，而不是我們通常所說的四季。從這一觀點出發，立秋節氣就屬於中醫學理論中的「長夏」範疇，因此不能簡單地以秋季養生之法養生，而是要遵循長夏的一些養生原則。

　　首先，立秋時節的養生之法應以潤燥為主，同時還要慎重對待所謂的貼補「秋膘」一事。在這個天氣漸涼、易顯乾燥的季節裡，要多吃一些生津養陰滋潤多汁的食品，少吃辛辣、煎炸食品。不僅如此，中醫還認為肺與秋氣的關係十分密切，所以立秋過後要對肺部多加呵護，多吃百合、蓮子、山藥、藕、平菇、番茄等生津去燥的食物。正因為立秋容易乾燥，所以貼補「秋膘」也要適可而止，否則就會讓乾燥加劇，還會導致「秋胖」的出現。想要做到既貼補又不至於出現虛胖現象，就要多吃蘿蔔、竹筍、海帶、蘑菇等低熱量的食品。

　　立秋進補，還有幾大禁忌需要特別注意。其一，無病忌亂補。亂服補藥中毒的事件時有發生，一定不可亂吃補品。其二，忌補品過量。服補藥過量也對身體有害。比如，過量服用參茸類會引起腹脹，過量服用維生素 C 會導致噁心、嘔吐等，過多食肉則會加重胃腸負擔。其三，忌虛實不分，反誤療養。中醫認為虛者才可以補，非虛症病人不宜服補藥。只有瞭解身體的虛實情況，才能對症下藥，不入歧途。最後，不可以藥代食。中醫認為藥補不如食補，許多食物都具有藥物的功能，如多吃蘿蔔可健胃消食，多吃薺菜可治療高血壓，多吃山藥能補脾胃

等等。總之，千萬不要什麼貴補什麼，什麼好吃補什麼，亂補不僅對身體無益，反而會增加身體負擔。

立秋養生之道，除了飲食上要多加留意外，還要注意個體的起居調養。所謂「早臥早起，與雞俱興」，就是要順應陽氣漸少、陰氣漸增的天氣特徵。在天氣變化無常的情況下，不要穿戴過多，否則會影響對氣候轉冷的適應能力，引起不必要的受涼感冒。所謂「春捂秋凍」，就是這個道理。與此同時，適當地進行精神調養以保證心平氣和的精神狀態，還有多從事戶外的運動鍛煉，都是這一時期需要多加留意的事情。

立秋結語

立秋一到，真正的秋天也就離我們越來越近了。在這個天高雲淡的日子裡，金黃色遍佈田野山間。世代生活在這片土地上的中國人，此時也已經做好了收穫的準備。一年的辛苦勞作，終於換來了眼前的豐收，這樣的喜悅和幸福，是實實在在的。

處暑：天地始肅，寒氣欲至

看到「處暑」二字，可能很多人都會心生疑惑：既然已是入秋時節，又怎麼會有「處處暑熱」呢？其實這裡的「處」是終止的意思，《月令七十二候集解》對此有解釋：「處，止也，暑氣至此而止矣」，也就是說，處暑意味著炎熱夏季的全面停歇，而並非指的是天氣如何炎熱。我們都知道，三伏天是一年當中最熱的時候，到了立秋時節，又正值三伏中的末伏，所以立秋並不意味著秋天真正到來，還需過一段時間才能感受到天氣的明顯變化。只有到了處暑這一節氣，隨著伏天的全面結束，炎熱的暑氣才就此消失殆盡。從此以後，才是秋的天下。

處暑三候

在每年的八月二十三日或二十四日，即太陽到達黃經一百五十度的時候，就是處暑節氣。舊時的中國人同樣將其分為三候：「一候鷹乃祭鳥；二候天地始肅；三候禾乃登。」說的是到了處暑這天，老鷹獵捕後會先把獵物陳列出來，就像是在祭拜那些從前因為自己而丟掉性命的生靈，其情狀與雨水節

氣裡的「獺祭魚」差不多。還有一種說法是到了小暑時節，學習獵捕的幼鷹已經可以捕到獵物了，所以人們才會在處暑之際看到老鷹大量捕獵其他鳥類。

處暑過後五天，自然界的萬物開始走向凋零，天地間也漸漸瀰漫著一股肅殺之氣。再過五天後，穀類的糧食作物開始全面成熟。在古代，「谷」是黍、稷、稻、粱等作物的總稱，「登」有成熟之意，所以俗諺中所說的「五穀豐登」，表達的也是這個意思。

在這個過渡性的節氣裡，氣溫變得舒適起來，農田里的莊稼陸續成熟，沿海地區也迎來了漁業的豐收，因此民間的活動十分繁忙。此外，七夕和盂蘭盆會也為這個節氣帶來了更多熱鬧氣氛和人文色彩。

處暑氣候與農事

到了處暑節氣，也並不意味著大江南北的所有地方都正式邁入了秋季。一年之中，秋季來得最早的是黑龍江和新疆北部地區，其入秋時間約在八月中旬；而入秋最晚的則要數海南三亞，其入秋時間竟然已是臨近元旦的時候了。所以到了處暑之

際，北京、太原、西安、成都和貴陽一線以東及以南的廣大地區以及新疆塔里木盆地等地區，其日平均氣溫仍在攝氏二十二度以上，明顯還處在夏季。

在冷高壓的控制下，中國東北、華北、西北等地域在處暑時節會最先宣告夏季的結束，進入一年之中最美好的初秋時節。到了這個時候，北方地區往往會在降溫時伴隨著一場場的秋雨。每逢風雨過後，人們都會感到明顯的降溫，所以俗諺中才有「一場秋雨一場寒」的說法。隨著氣溫的明顯下降以及晝夜溫差的不斷加大，人們對夏秋之交的冷熱變化往往會很不適應，極易出現呼吸道疾病、腸胃炎、感冒等症狀，所以也就有了所謂的「多事之秋」。

到了處暑時節，一些地區會迎來陰雨天氣，因此農家需要在晴天裡搶收糧食、曬糧食，十分繁忙。

處暑對於農家人而言，也是一個十分重要的節氣。比如此時的華南地區，雨量分佈即將由西多東少向東多西少轉變，且雨量通常是一年裡的次高點，甚至比大暑或白露時還要多。因此為了保證冬春的農田用水，就必須認真抓好這段時間的蓄水工作。而中國的一些高原地區從處暑到秋分則會出現連續的陰雨天氣，這對農牧業生產極為不利，所以還要做好相應的防範工作。至於中國南方的大部分地區，此時則正處於收穫中稻的繁忙時節。所以無論身處何地，農家人一定要特別留意天氣變化，做好充分的準備，在每個晴好天都要做好搶收搶曬的繁重工作。

處暑習俗

對於沿海的漁民而言，處暑以後就是漁業收穫的時節。由於這時海域水溫依然偏高，所以魚群還會停留在海岸周圍，人們也就可以享受到種類繁多的海鮮美味了。在浙江沿海地區，人們將原來民間的「祭海」活動變成了節慶活動，並稱之為「開漁節」。自一九九八年首辦「開漁節」以來，這一活動已經成為全國聞名的大型節慶活動之一。

「開漁節」期間，原本帆檣林立、千舸錨泊的海面會突然出現機器轟鳴、汽笛長鳴、百舸齊發的活躍氛圍。送別的碼頭上，人潮湧動，鼓樂喧天，一派壯觀景象。漁民們通過掛漁燈、千舟競發儀式、文藝晚會、地方民間文藝演出等活動形式，來表達自己對即將迎來的收穫的喜悅之情。對於這些靠海而生的人來說，一個豐收的季節就要開始了。

除了吃魚，中國民間自古還有處暑吃鴨子的傳統。天乾物燥的這一時節裡，很容易讓人出現上火的症狀。而老鴨味甘性涼，對身體極為有益。說到鴨子的做法，可謂五花八門，有白切鴨、檸檬鴨、子薑鴨、烤鴨、荷葉鴨、核桃鴨等等。一到處暑這天，北京人還會到商店去買處暑百合鴨。這是一種選用百合、陳皮、蜂蜜、菊花等養肺生津的食材製成的老鴨，其味道芳香可口，營養也極為豐富。

關於七夕節

時值處暑節氣，中國人即將迎來一個極為重要的節日，這就是又被稱為「中國情人節」的七夕節。作為一個有著浪漫色彩的傳統節日，七夕節的主角是少女，而其主要內容又以乞巧

為主，所以又被稱為「乞巧節」、「少女節」或「女兒節」。

到了農曆七月初七這天晚上，舊時的女子們除了禮拜七姐（即七仙女）外，還會穿針乞巧，祈求福祿壽，整個儀式既隆重又虔誠。在《西京雜記》中，有關於乞巧活動的最早的文字記載，可見七夕乞巧的民間活動已經有很長的歷史了。

關於「七夕」的起源，可以追溯到三四千年前。從現存的文獻中可知，隨著中國人天文常識的不斷增強，對牽牛星、織女星的記載很早就出現了。古時的中國人以天上的二十八宿為依據，衍生出一系列的節日和名詞。

七夕是女兒家的「乞巧節」。舊時的女子們會在這一天向七仙女獻祭，祈求自己能夠心靈手巧，獲得美好姻緣。

　　其中北斗七星中的第一顆星叫作「魁首」，也稱「魁星」，被認為是主宰文運的星，在古代儒生學子心目中有著崇高的地位，所以古時中舉奪得榜首也有著奪魁的說法，奪魁的人被稱為魁首、頭魁。而七月初七又被古時的儒生們稱為「魁星節」（或「曬書節」），這或許就是七夕節的最早由來。

　　另外，也有一種觀點認為「七夕」與古人的時間崇拜有關。「七」與「期」同音，又曾被作為重要的時間計量單位，因此與時間有著密切聯繫。古時中國人把日、月與水、火、木、金、土五大行星合稱「七曜」，並以「七曜」計算「星期」，現在日本仍然用此法計算星期。

　　或許正因如此，中國人在生活中才會以「七」為一個單位計算時間，例如中國人為亡人祭祀，通常會以做滿「七七」為完滿；另外，在古漢語中，「七」與「吉」諧音，「七七」被認為是雙吉，如今在福建、台灣等閩南地區，七月還有著「喜中帶吉」月的說法。或許，七月初七這一天正是順應或暗合了「雙吉」的美好寓意，才逐漸發展成為今天的七夕節。

　　當然，關於七夕最著名也最為人熟知的傳說，還是牛郎與織女的故事。在《詩·小雅·大東》中，就有「跂彼織女，終

日七襄……睆彼牽牛，不以服箱」的詩句，這也是關於牛郎、織女這一傳說最早的文字記錄。《詩‧周南‧漢廣》中還有一首與織女有關的詩，就有「漢有游女，不可求思」的詩句。其中的「漢」就是漢水，又指天漢（銀河）；而所謂的「游女」，則是指漢水女神或織女星。

　　關於牛郎織女的傳說，又以南陽地區的故事最為悠久。因為早在漢代，南陽就已經出現了「牛郎織女星座」的壁畫，足見南陽人對於牛郎織女的崇拜之情。在南陽，牛郎織女的故事還有著另外一個版本：在盤古開天闢地後，因為當時地上還沒有五穀，所以天宮的一頭黃牛就把天倉中的五穀偷來撒向人間。得知此事後，玉帝將這頭黃牛打入了凡間。後來，這頭黃牛認識了牛郎，又幫助他和織女成了家。再後來，黃牛又不顧受罰，幫助織女和牛郎從天宮偷來了蠶種、織布機、織布梭等。自此，牛郎、織女才過上了男耕女織的幸福生活。可是隨著織女回到了天庭，這一對彼此恩愛的夫妻從此人神殊途，只能在每年的七夕於鵲橋之上相見一次了。

　　每到七夕，晚上坐看牽牛織女星相會，是自古流傳至今的一種民間習俗。傳說到了這天，天下的喜鵲都會飛來為牛郎織

女搭成鵲橋助他們相見。因為織女是位心靈手巧的仙女，所以凡間的婦女才會在這天晚上向她乞求智慧和巧藝。還有很多的戀人會躲在瓜架子下，因為傳說在七夕夜裡的瓜架下能偷聽到牛郎和織女說的悄悄話。

中元節出遊迎秋

中元節又稱「鬼節」、「盂蘭盆會」，時間就在每年的農曆七月十五這一天（它所在的七月也有「鬼月」之稱），是繼七夕之後又一個重要的節日。原本中元節只是道教的一個節日，直到唐代以後才逐漸轉變為大眾化的節日。舊時的中國人從七月初一這天起，就開始舉行「開鬼門」的儀式，直至月底「關鬼門」為止，在這整整一個月的時間內都會舉行普度佈施活動。古人過中元節的儀式是極其複雜的，大致包括開鬼門、豎燈篙、放河燈、關鬼門等多個步驟。

而所謂的「盂蘭盆會」，則是佛教中對這一節日的稱謂。它起源於《盂蘭盆經》中「目連救母」的故事——在佛陀弟子中，神通第一的目連尊者因為惦念過世的母親，就運用自己的神通尋找母親的靈魂，結果看到母親因為在世時的貪念業報而

不得不在死後墮落於惡鬼道，過著吃不飽飯的生活。救母心切的目連就用神力化成食物送給母親，但不改貪念的母親見到食物生怕其他惡鬼搶食，於是食物在其貪念起時頓時化成火炭而無法下嚥。

佛教故事「目連救母」發源於印度，卻因為迎合了「孝」的觀念而在中國廣為流傳，成為每逢中元節必演的一齣戲。

目連縱有再大的神通，卻救不了自己的母親，只好向佛陀請教。佛陀說：「七月十五是結夏安居修行的最後一天，只有在這一天憑藉著慈悲心，才能救度你死去的母親。」遵照佛陀

旨意行事的目連，在七月十五這一天用盂蘭盆盛滿珍果素齋供奉自己的母親，這才使其得到了食物。

正是因為有了這個故事，舊時的中國人在每年的七月十五這一天，都會在村口搭起戲台唱《目連救母》這齣戲，請人、鬼共同來看戲。時至今日，世界各地的中國人依舊保留著七月十五祭祖掃墓的習俗。這些關於傳統文化的記憶，已經深深烙印在每個中國人的心中了。

放河燈是處暑節氣又一個重要的民間習俗。河燈也叫「荷花燈」，人們一般都會在其底座上放燈盞或蠟燭，在中元夜放在江河湖海中任其漂流。放河燈的目的，是為了普度水中的落水鬼和其他孤魂野鬼。無論是普通百姓的「放河燈」，還是佛家的「放焰口」，又或是道家的「施歌兒」，都不是只超度某一戶人家的亡靈，而是對孤魂野鬼在內的所有亡靈的祝福，是在祈求每一個靈魂都得到溫暖的歸宿。

死者固然令人悲傷，但到了處暑節氣，漸濃的秋意和適宜的溫度也正好是人們暢遊郊野、迎秋賞景的最佳時間。處暑一過，暑氣消退，逐漸清朗的天空中再也沒有了夏天中的大塊雲朵，取而代之的則是一抹抹淡若棉絲的雲彩，所以中國人有「七

月八月看巧雲」的說法。

處暑結語

處暑時節裡，大江南北，舉國上下，到處是一派碩果纍纍的豐收景象。恰逢七夕將至，有了神話傳說的襯托，中國人骨子裡的那份美好與詩意也再次顯現出來。七夕過後又是中元，中國人的喜與悲竟然可以如此之近，讓人猝不及防，卻又覺得理所當然。但令人吃驚的是，在這片土地上生活著的人們總是能夠讓自己平和下來，讓生活繼續下去，因為在他們看來，只要生命還在繼續，幸福就會隨時降臨。

白露：蒹葭蒼蒼，白露為霜

「蒹葭蒼蒼，白露為霜。所謂伊人，在水一方。」

一首三千多年前的詩篇，為「白露」二字平添了絲絲微涼之意。中國人常說「物極必反」，這句成語在天地間的陰陽變幻上同樣適用。陽氣經由整個夏季的積蓄達到其頂點後走向衰減，而陰氣也在此時漸漸興起。白露節氣所反映的，正是天地間陰氣加重、陽氣變弱的自然過程。在這種大自然的變化當中，清晨的露水會隨著陰氣的加重而日漸增多，直至凝結成一層白閃閃的水滴，所以古人也就順勢稱其為「白露」了。

白露三候

每年的九月八日或七日，就是白露。古人將其分為三候：「一候鴻雁來；二候玄鳥歸；三候群鳥養羞。」說的就是這一節氣正是鴻雁與燕子等眾多候鳥南飛避寒的啟程之日，而留鳥們也在這時開始貯存乾果糧食以備過冬。可見白露是天氣轉涼的一個重要轉折點。

白露物候特徵

　　到了這個節氣，人們會明顯地感覺到炎熱的夏天已經過去，取而代之的是涼爽的秋天。白露期間的晝夜溫差會進一步加大，最多時甚至會達到十幾攝氏度的差距。俗語說：「處暑十八盆，白露勿露身。」其大概意思就是說人在處暑的時候還可以沖涼消暑，可十八天過後也就是白露到來的時候，就不能再赤膊露腿了，否則很容易著涼。

《詩·蒹葭》中的「蒹葭」也就是蘆葦。白露時節，水邊的蘆葦正開花，成群的大雁即將遷徙，此情此景充滿了秋的味道。

　　到了白露時節，全國各地都會出現不同程度的降溫。此時北方的大部分地區都已入秋，而華南地區也即將進入秋季。白露期間，氣溫迅速下降，綿雨開始，日照驟減，平均氣溫比處暑時要低攝氏三度左右，且大部分地區都將降至二十二度以下。按照氣候學劃分四季的標準，也算是正式進入秋季了。

白露時節的民間習俗

　　白露時節裡，中國很多地方都有著各自不同的民間習俗。這些習俗大多如白露的名字般清麗脫俗，充滿了古典詩詞的雅致和情調。

　　隨著秋意漸濃，愛喝茶的南京人會在白露時節選擇白露茶作為自己的最佳飲品。顧名思義，所謂的白露茶就是白露節氣採摘製作的新茶。茶樹在經歷了一個夏季的酷熱後，會在白露前後迎來又一個最佳生長期。白露茶既不像春茶那樣鮮嫩、不經泡，也不像夏茶那樣乾澀味苦，而是有一種獨特的甘醇與清香。越是懂得品茶的資深茶客，越是會鍾愛這樣的白露茶。

　　除了白露茶，舊時的南京人還會在白露時節品一品南京的家鄉菜。正所謂：「宋元明清獅子樓，京蘇淮揚看家菜」，說

的就是南京著名的酒樓——「獅子樓」。當年由鄭板橋即興題匾的這座「獅子樓」，如今已是名滿華夏的百年老店了。每逢白露時節，獅子樓總是會適時推出既能進補又防「秋燥」的各種美味，如人參、沙參、西洋參、百合、杏仁、紅薯等，是膳補、食療的上上之選。經由數百年的歷史傳承，如今的獅子樓已經成為了南京的一塊金字招牌。

　　喝完白露茶，再飲白露酒，是湖南、貴州的一些地區古已有之的一種民間習俗。在每年的白露時節，當地人大多會在自家釀製所謂的「土酒」。因為這種溫中含熱、略帶甜味的米酒是在白露期間釀製而成的，所以就有了「白露酒」之稱。在品種眾多的白露酒中，最有名的就要數取程江之水釀製而成的「程酒」了。程酒別名「千里醉」，作為舊時的貢酒，自古以來就盛名遠播。早在北魏時期的《水經注》中，就有「郴縣有淥水，出縣東俠公山。西北流而南，屈注於耒，渭之程鄉溪。郡置酒官，醞於山下，名曰程酒」的文字記載。

　　說起白露酒的釀製工序，也是頗為講究的。首先是以程水釀製的米酒為其正宗，其次是一定要在白露節氣釀製才行，再來就是其釀造方法也相當獨特。上好的白露酒，都要埋入地下

或者窖藏數年甚至數十年後才能取出飲用。這樣的酒不僅色澤褐紅、清香撲鼻，且入口綿醇、後勁極強。

從農曆的八月初一到八月十五（也有在白露至寒露期間選日進行），是福建尤溪人祭祖掃墓的時節。屆時各家都會拿著一些供品到墓地祭祀已故的先人，且供品中素有「用鴨不用雞」的習俗。之所以這樣規定，是因為古時的尤溪人認為喜歡到處扒抓覓食的雞會扒壞墓頭。那些大家大戶還有各家每年輪流「為頭」的習俗，也就是由其中一家主理祭掃祖墓的一切事宜。在祭祀結束後的當晚，「為頭」的人家還要宴請族人聚餐，即所謂的「吃祭墓酒」。

福建的福州一帶，還流傳著「白露必吃龍眼」的民俗。龍眼本身就有養血安神、益氣補脾、潤膚美容等功效，對治療貧血、失眠、神經衰弱等都有一定的作用，而到了白露時節，龍眼不僅個大，而且甘甜爽口，正是最適合吃的時候。因此，福州人便將吃龍眼作為白露時節的大補之法，至今延續著這個傳統。

在浙江溫州一帶，當地人還有過白露節採集「十樣白」的習俗（也有採集「三樣白」的習俗）。所謂「十樣白」，就是

十種帶「白」字的草藥,如白木槿、白毛苦等。當地人會用這所謂的「十樣白」煨烏骨白毛雞(或鴨子),據說吃了以後不僅可以滋補身體,還能治療風濕、關節炎等疑難病症。此外浙江民間還有白露吃蕃薯的習俗,這樣全年吃蕃薯絲和蕃薯絲飯時就不會出現胃酸過多的現象了。

　　除了過白露節外,地處江、浙交界的太湖地區還要舉行祭拜禹王(還包括拜祭土地神、花神、蠶花姑娘、姜太公等眾多神明)的香會。這裡所說的「禹王」,即傳說中的治水英雄大禹,也就是太湖畔漁民所說的「水路菩薩」。每年正月初八、清明、七月初七以及白露時節,這裡都要舉行拜祭禹王的大型香會,其中又以清明、白露這一春一秋的兩次香會規模為最大,且整個祭祀活動要歷時一周之久。在活動期間,《打漁殺家》是必唱的一台戲。這出描寫梁山好漢阮小七的傳統戲劇,寄託了太湖地區的漁民對於正義和公理的重視,也折射出他們對於美好生活的嚮往。

白露時節宜「補露」

節氣的變化,對人體的影響顯而易見,所以民間才會有「疾

病跟著節氣走」的說法。

白露是涼爽季節的開始，其後晝夜溫差明顯加大，再加上秋季的乾燥氣候容易過多地消耗人的津液，所以常常會使人出現咽乾口苦、皮膚乾裂的情況。同時，這個時節也是呼吸道、消化道等疾病的易發時間。基於這些因素，白露時節的養生就顯得尤為重要了。

白露養生，又被俗稱為「補露」，是舊時的中國人最為看重的一段養生關鍵期。在不同的地域，有著完全不同的「補露」方法。比如南京人愛喝白露茶，蘇浙人喜歡品嚐白露酒，福州人習慣吃龍眼，甚至有「一顆龍眼一隻雞」的說法。不過相比之下，最特別的還要數洞頭地區的「補露」習俗了。

洞頭素有「百島之縣」之稱，是中國十四個海島縣（區）之一，由位於溫州甌江口外的一百六十八座島嶼和兩百五十九座島礁組成。這個地方每到白露，一直有吃鰻魚熬白蘿蔔的習俗。過去的洞頭漁場，在立秋過後就開始釣捕鰻魚。此時營養豐富的鰻魚大多已變得更加肥美，是舉世公認的食補佳品。至於人稱「賽人參」的白蘿蔔，則有著「消谷和中，去邪熱氣」的作用，同樣也是中醫理論中極為推崇的進補食材。將二者同

煮同食，作用可謂相得益彰。漁民們在燒煮這道菜時，還會特意把時間延長一些，這樣熬出來的湯會變為乳白色，更加鮮嫩可口。

　　除了吃鰻魚熬白蘿蔔，舊時的洞頭漁村還有一個專為兒童「補露」的有趣習俗。如果誰家的孩子哮喘、尿床，那麼到了白露這天，家人就會宰殺自己餵養的雞或鴨，在煮熟後盛入碗中，再讓孩子端到岔路口去吃。等到全部吃完後，先把空碗放在路上，然後再選擇從另外一條路回到家中。直到孩子到家後，大人們才去收回自家的碗筷。之所以這樣做，是因為白露中的「露」和「路」同音，所以這一習俗有「哮喘、尿床等毛病藉著白露這天從另一岔路遠離孩子而去」的寓意。

　　因為白露節氣已經是真正的秋涼季節的開始，如果選擇在這時一味強調大量食用海鮮肉類等營養品進補，那真是大錯特錯。這樣的做法不僅容易使人忽略季節性的易發病，還會給自己和家人造成機體上的損傷。正確的「補露」方法，是要避免鼻腔疾病、哮喘病和支氣管病的發生，盡量少吃或不吃魚蝦等海腥食材；同時也要避免食用生冷、燒烤、醃製、辛辣、酸鹹、甘肥的食物，比如帶魚、螃蟹、蝦類、韭菜花、黃花、胡椒等

食材，而以清淡、易消化且富含維生素的食物為主。

「補露」的同時，還要隨時注意天氣的變化，及時添、減衣物和被褥，以避免傷風感冒，或是誘發、加重支氣管炎、哮喘、消化性潰瘍等慢性疾病。中國人常說「寒從腳起，熱從頭散」，所以白露時節還要防止雙腳受涼。科學研究已經證實，雙腳受涼才是引發感冒、支氣管炎、消化不良、失眠等諸多病症的罪魁禍首，要注意腳部的保暖，鞋襪也要盡量保持其寬鬆、舒適、吸汗性良好。

白露結語

或許是因為《詩・蒹葭》一詩的關係，白露總是帶著揮之不去的詩意。從白露茶到白露酒，從祭禹王到採集「十樣白」，連養生都有「補露」這樣清雅的名詞。沒有哪一個節氣的民俗，能像白露這般充滿了恬淡的韻味。如此情意綿綿的白露時光，彷彿讓一直忙碌的中國人忽然閒適了下來。當所有的事物都成了風景，人世間也因為這樣的美好，而成了一幅意境幽遠的水墨長卷。

秋分：秋分夜夜涼

在這一天裡，世界又一次被平分了陰陽。

和春分一樣，秋分節氣也是太陽直射赤道、晝夜平分的日子。到了秋分，太陽從赤道繼續向南迴歸線移動，北半球逐漸變冷。秋分是二十四節氣中最重要的八個節氣（立春、春分、立夏、夏至、立秋、秋分、立冬、冬至）之一，這八個節氣標示出季節的轉換，清楚地劃分出一年的四個季節和它們的重要轉折點。

關於秋分，《春秋繁露‧陰陽出入上下篇》中是這樣說的：「秋分者，陰陽相半也，故晝夜均而寒暑平。」在這裡，秋分的「分」有「半」的意思。聯繫後面的解釋來看，這一方面是說秋分這一天陰氣和陽氣達到了平衡，所以晝夜等長、溫度適中；另一方面，按農曆來說，「立秋」是秋季的開始，到「霜降」則是整個秋季終止的時候，而「秋分」剛好就是在從立秋到霜降這幾九十天的一半。

在每年的九月二十三或二十二日，即太陽到達黃經一百八十度的時候，就是秋分節氣。而中國南方的大部分地區

普遍是從這一節氣開始正式進入秋季。

秋分三候

古時的中國人將秋分劃分為三候:「一候雷始收聲;二候
蟄蟲坏戶;三候水始涸。」在古人看來,雷是因為陽氣過盛才
出現的一種自然現象,隨著秋分後陰氣不斷增加,也就聽不到
打雷的聲音了。再過五天,越冬的蟄蟲也已經開始修築過冬的
洞穴。「坏戶」中的「坏」是指用細土培修,也就是在穴口用
細土壘起一座小高堰。此後再過五天,由於降水減少,有些小
溪中的溪水也逐漸變少直至徹底乾涸了。

秋分時節話農事

到了秋分,也就到了一年中物產最豐盛的時節。許多農作
物及水果,都會在這個時節收穫。正因為如此,人們也把秋分
稱為秋收的黃金時段。到了這時,中國大部分地區都在忙於各
種作物的收穫。棉花吐絮、煙葉變黃、五穀成熟、碩果纍纍……
豐收的喜悅,幾乎感染著每一位辛勤耕耘的農家人。廣袤的神
州大地上,無論東西南北,農民們或是在收割玉米、大豆,採

摘棉花等大田作物，或是在摘收橙子、山楂、獼猴桃、柿子等各色水果，不同的收穫，同樣的喜悅。這樣的時節，總是能讓一代又一代勤勞樸實的中國人滿懷感激，也更加對未來的生活充滿憧憬。

秋收之外，秋種也在緊鑼密鼓地進行著。在黃河中下游的冬麥區，此時正值最為緊張有序的小麥播種期。農諺說得好：「白露早，寒露遲，秋分種麥正當時。」之所以這樣說，是因為播種小麥的最佳溫度在攝氏十四度到十七度之間，此時的黃河中下游平原地區正值天高地爽的秋季，這種氣候對於種植小麥來說再合適不過。到了秋分時節，農家人已經做好了準備工作，他們檢修農用機械、選換小麥良種，提前完成了運肥、澆水、翻地，只等到天氣晴好的日子就會開始新一輪的播種。

秋分時節，農事中還有一個需要注意的事項，就是避免寒露風。秋分過後，北方冷空氣活動加劇，氣溫也開始降低。此時江南、華南地區的晚季稻正值抽穗、開花階段，如果這時有強冷空氣南下，就很容易造成寒露風、強對流等災害性天氣，因此民間也就有了「秋分天氣白雲多，處處歡歌將晚禾，只怕此日雷電閃，秋收稻穀存幾何」的說法。

預防「寒露風」應選擇早熟或後期耐寒的優良品種，而且要早播早栽；在冷空氣到來前，要提前往田裡灌水，以水調溫，保證稻田的地溫不被寒冷改變；在「寒露風」到來前後，還要適當施肥，加強稻株的營養，提高其光合作用強度和抗寒能力。只有做好這些工作，才能保證莊稼豐產豐收，讓農家人的辛苦不至於功虧一簣。

秋分民俗大觀

秋分作為二十四節氣中最具有標誌性的節氣之一，從古至今都一直很受中國人的重視，民間也流傳著很多關於這一節氣的習俗。

從很早的時候起，秋分就有「祭月」的習俗。據記載，早在周朝，帝王就已經有春分祭日、夏至祭地、秋分祭月、冬至祭天的祭祀活動了，其祭祀場所分別為日壇、地壇、月壇、天壇，分別設在東南西北四個方向。關於祭月活動，《史記》中是這樣說的：「天子春朝日，秋夕月，拜日東門之外朝日之朝，夕月之夕。」這裡「夕月」指的就是祭祀月亮。隨著社會的發展，祭月的風俗不僅在皇宮貴族中流行也延伸到民間。

　　民間的百姓仿照帝王春天祭日、秋天祭月的儀式，也興起了秋分「祭月」之風；到後來，人們發現秋分時節的月亮特別美，又興起了賞月活動，隨著賞月的重要性漸漸超過了「祭月」本身，嚴肅的祭祀也逐步變成了輕鬆的娛樂活動；再往後，「祭月」更是演變成了我們今天熟知的中秋賞月。到了唐代，隨著秋分賞月、中秋賞月之風俗的進一步推廣，月亮也順勢成為中國詩人最喜歡吟誦的對象，文壇出現了無數關於月亮的名詩佳句。

中秋節是個古老的節日。從最初的祭月儀式，到後來的團圓、賞月，這個節日已被中國人賦予越來越多的人情味。

　　此後歷朝歷代，無論是宮廷還是民間，拜月、賞月活動變得更具規模。時至今日，中秋節邊賞月亮邊吃月餅，已經成為秋分時節必不可少的民間習俗，尤其是闔家團圓這一觀念被不斷強化。

　　據考證，之所以要把「祭月節」改為中秋節，是因為秋分在每年農曆八月裡的具體日子都不固定，所以未必都會時值月圓之日，祭月卻趕上無月的情況則會大煞風景，於是後人也就把「祭月節」由秋分調整到了農曆的八月十五這一天，以確保可以有象徵幸福團圓之意的滿月做伴。而這，就是如今的中秋節了。

　　在中國嶺南地區，秋分時節還有個不成文的習俗，叫作「秋分吃秋菜」。這裡所謂的「秋菜」，指的是一種野莧菜，又被當地人稱為「秋碧蒿」。每到秋分這一天，嶺南人通常都會全家出動去採摘這種秋菜。採回後先將其洗淨，再和魚片一起「滾湯」，製成所謂的「秋湯」，喝起來別有一番鮮美味道。當地始終流傳著「秋湯灌髒，洗滌肝腸。闔家老少，平安健康」的民諺，可見吃秋菜、喝秋湯的重大意義。中國人的願望總是這麼單純美好，在這個時候，人們祈求的都是家人平安，身體康

健，以及生活幸福美滿。

　　與春分相似，到了秋分時節，舊時的農家人也有「粘雀子嘴」和「送秋牛」的習俗。從前的農民們，每到秋分時節都會按照習俗全面停工、不再下田，一家人吃湯圓來慶祝秋分時節的到來。不僅如此，人們還像春分時那樣，準備二三十個不包心的湯圓，煮好後用細竹叉插著放在室外的田間地頭，用以「粘雀子嘴」，寓意也是祈禱麻雀等鳥類不要來破壞自己的莊稼。此外，這個時節天高氣爽，野外放風箏的人也多了起來，不僅孩子玩得開心，有時大人也參與其中。

　　吃過湯圓後，送秋牛圖的人又要挨家挨戶地「送秋牛」了，這是和「送春牛」基本相仿的一種民間習俗。所謂的秋牛圖，是用二開的紅紙或黃紙，印上全年的農曆節氣以及農夫耕田的圖樣。而送圖的人也大多都是民間最能說會唱的人，他們在「送秋牛」的過程中還要說些秋耕事宜和吉祥話，以此來督促農家人不違農時、努力耕作。有的厲害角色，每到一家便會見景生情舌粲蓮花，說得主人高興不已、連忙打賞。這種習俗也被民間稱為「說秋」，而「說秋」說得好的人被稱為「秋官」。

中秋節的傳說與習俗

在《周禮》中，就有關於「中秋節」的記載。而「中秋節」真正成為全國性節日，則是唐代的事情了。在夏曆裡，一年四季的每一季都可分為孟、仲、季三個部分，所以中秋也被稱為仲秋。中秋節也有很多別名，如「仲秋節」、「拜月節」、「女兒節」、「八月節」、「八月會」、「追月節」、「月夕」、「秋節」、「玩月節」、「團圓節」等。中秋節一直是眾多民族共同的傳統節日。

中國人崇拜月亮，這是一種極為普遍的文化現象。前文說過，中秋賞月的前身是「祭月」活動。這種活動源於遠古時期的人們對於月亮的崇拜，後來隨著文明的不斷進步，作為天體的月亮也被不斷地人格化，成了所謂的月神。歷代統治者都把月神稱為「夜明之神」，道教稱其為「太陰星君」。民間則大多認為月神應該為女性，所以也就有了我們熟知的「嫦娥」，或稱其為「月姑」、「月姐」。

時至今日，在中國各地遺存的很多古跡中，依舊保有「拜月壇」、「拜月亭」、「望月樓」等古建築。每逢中秋佳節，重視團圓的中國人無論身在何地，都會盡量趕回家與親人團聚。

大家一起賞月、一起吃月餅、說著笑著、吃著鬧著，每個人都以此為樂、更以此為榮。

關於月餅的起源，除了后羿為紀念嫦娥而做月餅的傳說，還有一些聽上去更真實可信的說法。其中一種說法是在元代末年，江蘇泰州的反元起義領袖張士誠利用中秋節民眾互贈圓餅的習俗，在餅中夾帶「八月十五夜殺韃子」的字條，大家見了餅中的字條後一傳十、十傳百，終於如約在這天夜裡手刃了無惡不作的「韃子」（即元兵）。事成之後，家家都以吃餅的方式慶祝勝利，也從此把中秋節的圓餅正式稱為月餅了。在後來相當長的一段時間內，月餅上還都會貼有一方小紙片。

還有一種說法是在明洪武初年，大將徐達攻下元朝殘餘勢力盤踞的元大都北京後，捷報傳到了當時的首都南京。正在下棋的明太祖朱元璋得知消息後欣喜若狂，隨即下旨中秋節普天同慶，並將當初反元大起義時傳遞信息的月餅賞賜給臣民享用。這樣一來，月餅也就成為中秋節非吃不可的「法定」食品了。

不管有多少種說法尚待考據，在中國人的潛意識裡，月餅始終有著象徵團圓的一層深意。明代劉侗在其《帝京景物略》中就有著「八月十五日祭月，其祭果餅必圓」的文字記載。這

種又被稱為胡餅、宮餅、月團、豐收餅、團圓餅的食品，曾經作為古代中秋祭拜月神的供品，如今卻成為尋常人家最為常見的一種時令食品，甚至形成了京、津、蘇、廣、潮五種風味系列。這是文明的發展，更是時代的進步。

在民間的神話傳說中，月宮中除了有嫦娥和吳剛，還有一隻與嫦娥朝夕相伴的玉兔。正因為如此，中國人還有中秋節時向兔兒爺祈福的民間習俗。據史料中的記載，這一習俗最早起源於明末。明代紀坤在其《花王閣剩稿》中，就有相關的文字記載：「京師中秋節多以泥摶兔形，衣冠踞坐如人狀，兒女祀而拜之。」

到了清代，兔兒爺的功能已經由「祭月」轉變為兒童的中秋節玩具，其製作也日趨精緻，既有扮成武將頭戴盔甲、身披戰袍的形象，也有背插紙旗或紙傘、或坐或立的形象。這些形態各異、憨態可掬的兔兒爺玩具，深得孩子們的鍾愛。

每逢中秋節，街市上還會有扮成兔兒爺的商販，他們有的是剃頭師父、有的是鞋匠、有的是賣餛飩的、還有賣茶湯。直到文革前，一過每年的七月十五，北京的街頭還會有「兔兒爺」出來擺攤子。前門五牌樓、後門鼓樓前、西單、東四等處外都

是「兔兒爺」的攤子，大大小小，高高低低，擺得極為熱鬧。在文化尋根、文化復興的今天，兔兒爺在消失了一段時間後，如今又在北京盛行了起來。

從前，人們把嫦娥的玉兔稱為「兔兒爺」，每逢中秋節都要鄭重地拜它一拜。後來，兔兒爺不再用來祭祀，而變成了孩子們喜愛的泥塑玩具，形象也越來越精美可愛。

舞火龍是香港在中秋節最富特色的一種民間傳統習俗。從每年農曆八月十四晚起，銅鑼灣會一連三晚舉行盛大的舞火龍活動。活動所用的火龍長達七十多米，用珍珠草紮成三十二節

龍身，上面插滿了長壽香。盛會之夜，大街小巷一條條蜿蜒起伏的火龍在燈光與龍鼓音樂下歡騰起舞，非常熱鬧。

關於這一習俗的由來，還有一段傳說：相傳在很早以前，這一地區在一次風災襲擊後出現了一條蟒蛇，四處搜捕的村民們好不容易才將蛇打死。不料第二天蟒蛇的屍體卻不翼而飛了，再過數天後，這裡就發生了嚴重的瘟疫。這時村中人得到菩薩托夢，說是只要在中秋節舞動火龍，就可以祛除瘟疫。村中人按照菩薩的吩咐行事，果然奏效。從此舞火龍也就成了當地在中秋節的一種固定習俗，並一直流傳至今。

秋分養生之「陰平陽秘」說

秋分和春分一樣，是一個晝夜時間相等的節氣，所以此時的養生同樣應以陰陽平衡為要點。《黃帝內經・素問・至真要大論篇》的觀點：「謹察陰陽所在而調之，以平為期」也就意味著我們要注意調和陰陽，不要出現任何的偏頗。

中醫養生理論認為，秋季天氣乾燥，所以主要是乾燥在影響我們的陰陽平衡。在秋分以前，仍有暑氣餘熱，這時多「溫燥」；而在秋分以後，隨著氣溫的下降，寒氣加重，這時多所

謂的「涼燥」。要防止涼燥，就應多加鍛煉，以提高自身的抵
抗力。在飲食調養方面，則要多喝水，多吃清潤、溫潤的食物，
其中蜂蜜、核桃、梨、乳製品等都是這一時節很好的養生食物，
可以滋陰潤肺、養陰生津，使人體遠離涼燥侵害。

　　此外，秋分時節的生活作息也要做出相應的調整。在《黃
帝內經·素問·四氣調神大論》中，有「秋三月……早臥早起，
與雞俱興」的說法，這就是說人們在這一時間段內要盡量早睡，
以順應陰氣的收藏；而早起則是為了順應陽氣的舒長，使肺氣
得以舒展。中醫認為，人體的生理活動要適應自然界的陰陽變

秋分時節，早起散步是很好的鍛煉方
式，既順應了自然變化，又能起到調養精神的作
用。

化，凡起居、飲食、精神、運動等方面都不能離開「養收」的原則。除此之外，還要保持神志的安寧，減緩秋季的肅殺之氣對於人體的影響，同時注重運動和鍛煉，登山、慢跑、散步、打球、游泳等等都是十分有益的運動項目。

在飲食攝取上，因為秋屬肺金，酸味收斂補肺，辛味發散瀉肺，所以要盡量少吃蔥、姜等辛辣食材，適當多吃酸味甘潤的水果和蔬菜。同時為了預防秋燥，還應該多吃甘寒滋潤的東西，比如百合、銀耳、淮山、秋梨、蓮藕、柿子、芝麻、鴨肉等食物。

秋分結語

秋是一個高遠的季節，一個豐收的季節。人世間所有的勞作，所有的付出，彷彿都是為了秋天的來臨；當明月升起，當閤家團聚，沒有什麼比此時此景更讓人覺得歲月靜好。

在這個充滿希望的季節，幸福正朝著滿懷期望與夢想的人走來。

越來越近，越來越真實。

寒露：鴻雁南飛，菊始黃華

送走了白露，中國人又迎來了寒露節氣。

說到寒露，就不得不讚嘆中國人對於大自然觀察的細緻程度。白露與寒露之間只隔了一個秋分節氣，二者的差別與大小暑、大小寒一樣難以分辨。但舊時的中國人就有這樣細緻敏銳的觀察力，他們發覺，一旦到了寒露時節，凝結的露珠給人的感覺會更為寒冷，「寒露」也由此得名。

每年的十月八日前後，當太陽到達黃經一百九十五度，就是寒露節氣的到來。《月令七十二候集解》中解釋說：「九月節，露氣寒冷，將凝結也。」也就是說到了寒露時節氣溫會比白露時節更低，所以此時的露水介於水珠和冰霜中間的一種狀態。到了寒露，中國的大部分地區都已進入秋季，而西北高原的一些地區甚至已率先步入冬季。

寒露三候

古人將寒露分為三候：「一候鴻雁來賓；二候雀入大水為蛤；三候菊始黃華。」、「鴻雁來賓」是說，一旦到了寒露節氣，

最後一批鴻雁也將列隊飛往南方過冬。之前的白露時節有「一候鴻雁來」的說法，《月令七十二候集解》是這樣解釋的：「寒露，鴻雁來賓。雁以仲秋先至者為主，季秋後至者為賓。」也就是說，白露時節的鴻雁先到了南方，按古人的觀念，先到為「主」；而到了寒露時節，晚些起飛的鴻雁也陸續到達南方，牠們就是「客」了。「雀入大水為蛤」，說的是深秋帶來的寒冷天氣不僅讓雀鳥全都消失不見，就連海邊也突然多出了很多

寒冷的露氣降臨大地，菊花卻在這個時節紛紛盛開，可見其生命力頑強。古人將菊花譽為「花中四君子」之一，用來象徵不屈的品格和高雅的意境。

蛤蜊。因為貝殼的條紋及顏色與雀鳥的羽毛顏色很相似，所以古人會以為蛤蜊是雀鳥變化而成的。至於所謂的「菊始黃華」，則是在說這一時節裡的菊花已經普遍開放，到處可見一片金燦燦的花簇。

寒露氣候與農事

到了寒露時節，由於氣溫不斷降低，北方的冷空氣已有一定的威勢，其他大部分地區也多處於冷高壓的控制下。除了雲南、四川和貴州局部地區尚能聽到雷聲外，雨季在這時已經全面結束。此時的天氣常常是晝暖夜涼，晴空萬里，對秋收十分有利。不過，乾旱少雨的氣候特徵也往往會給冬小麥的播種帶來困難，成為限制小麥高產豐收的主要因素。

農諺中素有「寒露不摘棉，霜打莫怨天」的說法。到了這一時節，農家人要趁著天晴趕緊採收棉花。一旦遭遇降溫過早的年份，還需要趁氣溫不算太低的時候把棉花盡可能地收穫上來。而此時的江淮及江南地區，單季晚稻即將成熟，雙季晚稻正在灌漿，這也要求農民必須注意間歇灌溉，保持田間濕潤，同時還要注意防禦「寒露風」造成的危害。此外，寒露前後不

僅是長江流域油菜的最佳播種期，也是華北平原上的甘薯薯塊即將停止生長的時候，這些都在催促著勤於勞作的中國人抓緊時間，以確保一年到頭能有個真正的好收成。

寒露風俗談

白露一過，就開始出現露水了。到了寒露時節，露水會進一步增多，在少數地區甚至還會出現霜凍現象。此時的北方已呈現出一片深秋的景象，而南方的大部分地區也是秋意漸濃、蟬噤荷殘。與寒露有關的民俗活動，開始在這一時節紛紛上演。

九月初九重陽節就在寒露節氣前後，而此時的宜人氣候又十分適合登山，所以寒露時節登高也就成了一項重要的民間習俗。由於受到霜露的影響，山林中的紅葉黃葉顯得越發鮮豔奪目，在這時，選個天高氣爽、陽光明媚的日子去登山，別有一番趣味。在中國的北方地區，登山是這一時節人們最喜歡的一項戶外運動，漫山遍野的人群，遠遠看去蔚為壯觀。

除了登山遠眺，飲菊花酒也是寒露時節裡最為重要一種習俗。寒露是二十四節氣中第一個以「寒」命名的節氣，俗諺中也有「吃了寒露飯，單衣漢少見」的說法。隨著天氣由秋涼向

秋寒轉變，此時也到了菊花盛開的季節。為除「秋燥」，很多地區都沿襲著飲「菊花酒」的習俗。

在中國北方，人們還有在寒露時節吃蜜桃的習俗。這種桃是北方晚熟品種，其成熟期大致在寒露前後，所以才有了「寒露蜜桃」的別名。至於世代生活在湘西一帶的侗族人，還會在這一時節製作醃魚。這種用米酒、食鹽、糯米飯、辣椒面、花椒粉、姜絲等佐料醃製而成的魚，不僅味道鮮美，也是當地人最為喜愛的一種傳統食品。

重陽節登高習俗考

每年的農曆九月初九，人們都會迎來中華民族的傳統節日——重陽節。《易經》中把「九」定為陽數，所以九月初九才被稱為「重陽」（也叫重九）。據史料記載，這一節日早在戰國時期就已經形成，到了唐代又被正式定為民間的重要節日，此後一直沿襲至今。另外，由於在中國人的傳統觀念中，九九有生命長久、健康長壽的意思，所以到了二十世紀八零年代末期，重陽節又被確立為老人節。舊時的人有在重陽節「踏秋」的習俗，屆時全家人會集體登高「避災」，插茱萸、賞菊花。

　　而關於重陽節的歷史淵源，也有著幾種說法：

　　其中一種說法認為重陽的源頭可追溯到先秦之前。在《呂氏春秋》的《季秋紀》中，就有「（九月）命塚宰，農事備收，舉五種之要。……藏帝籍之收於神倉，祗敬必飭」以及「是日也，大饗帝，嘗犧牲，告備於天子」的相關記載。可見當時就已有在九月豐收之際拜祭天帝以及祖先的活動了。《西京雜記》中更是詳細記載了西漢宮人賈佩蘭稱「九月九日，佩茱萸，食蓬餌，飲菊花酒，雲令人長壽」的內容。相傳也就是從這時開始，出現了重陽節求壽的習俗。從祭祀到求壽，內容改變，虔誠不變。

秋高氣爽的重陽節，正是出遊賞景的好時候。
登高遠眺放鬆精神，飲菊花酒強身健體，正符合傳統觀
念中「九九」的寓意──長壽。

　　還有一種說法，認為重陽節的原型是古人祭祀「大火」星的儀式。作為古代季節標誌的「大火」星（也就是心宿二），會在農曆九月隱退。《夏小正》中就有「九月內火」的說法。「大火」星的退隱，使古人失去了時間的坐標，因而會產生一種莫名的恐懼。也因為如此，當時的人們在「九月內火」時節，都要舉行相應的送行祭儀，以祈求「大火」星會在明年按時到來。儘管這種祭儀的細節在今天已不可考，但我們還是能從後世重陽節的一些儀式中尋找到一些古代祭儀的蛛絲馬跡。比如在江南的部分地區，就有重陽節祭灶的做法，而其所拜祭的家居火神，也多少留有當年「大火」星的意味。

　　由於這兩種說法都有據可考，所以關於重陽節的起源問題，至今難有定論。不過，拋開考證不談，民間的很多傳統節日都與故事或是傳說相關聯倒是一個不爭的事實。

　　關於重陽節的傳說，最早可見於南朝吳均的《續齊諧記》。其中關於登高、飲菊花酒、吃重陽糕、插茱萸、賞菊花等等習俗的描繪，也確實與今人在重陽節所保留的習俗相符合。說到吃重陽糕，可謂是重陽節裡最為流行的習俗之一。重陽糕，也稱桂花糕，做法與蒸年糕相同，為了美觀，人們在年糕裡加入

果仁蜜餞，再灑上木樨花，煞是好看。因為「高」與「糕」諧音，所以吃重陽糕有著「步步登高」的吉祥寓意。

除了上述民俗外，各地在重陽節還會有一些極具地方特色的民間風俗。

比如北方地區，關於重陽的習俗就極為繁多。河北一帶有「追節」的習俗，具體說來就是彼此有著姻親關係的家庭要在這時互相送禮；山東昌邑北部的一些人家則要在重陽節喝辣蘿蔔湯，所謂「喝了蘿蔔湯，全家不遭殃」；鄆城一帶又把重陽節稱為財神的生日，所以屆時家家戶戶都要烙焦餅來祭祀財神；到了滕州地區就更是有趣了，當地出嫁不到三年的女兒是不允許在重陽節回娘家的，因為當地素有「回家過重陽，死她婆婆娘」的說法；還有生活在陝北地區的居民，不僅要在重陽節的晚上吃蕎麵熬羊肉，還會在晚飯後結伴走出家門，爬上附近的山頭後再點上火把，直到雞叫後才回家。夜裡登山本來已經夠奇怪的了，人們還在要這時摘上幾把野菊花，回家後插在兒女的頭上，據說這種做法可以避邪。

在中國的南方地區，重陽節的民間風俗同樣不少。比如在福建長汀縣，農家人會採集田里的毛豆相饋贈，稱為「毛豆節」；

海澄鎮一帶的居民則會在重陽節放風箏，稱為「風槎」；還有喜歡在此期間祭祖的莆仙人，他們認為重陽比清明更適合進行祭祖活動，所以當地民間才有「三月小清明，重九大清明」的說法；到了南雄一帶，人們還會在這時請來道士舉行王母會，想求取子嗣的青年婦女也都會在這時趕來參與活動。

　　著名詩人王維的《九月九日憶山東兄弟》這樣寫道：「獨在異鄉為異客，每逢佳節倍思親。遙知兄弟登高處，遍插茱萸少一人。」在中國人的心中，重陽節這樣的節日，勾起人們對於家鄉和父母尊長的思念之情的，而這種濃得化不開的深情厚意，正是中國人內心深處最為本質的精神氣質。

寒露時節話養生

　　隨著寒露的到來，自然界生長的萬物也會隨著寒氣的增長而衰落。在這一時節，飲食養生仍要以平衡陰陽為主。為此，應適當多吃一些滋潤平燥的食品，既可以滋肺潤腸，又能補脾養胃，同時還能防治咽干喉痛等症。比如銀耳、藕、冬瓜、胡蘿蔔，及一些菌類、豆類，還有梨、香蕉、荸薺、柿等，都是這時的絕佳食物。另外，到了寒露，中老年人和慢性病患者應

多吃鴨、魚、肉、蓮子、紅棗等食品。

　　此外，到了寒露時節，萬物肅殺的自然環境讓人體內的陽氣也從表皮開始向內收縮。隨著毛孔的逐漸閉合，人的肺功能也會受到一定的影響，容易誘發呼吸系統、消化系統的疾病，還容易患上感冒發熱。除了充分防範這些季節性常見病外，還應努力調整自己的情緒狀態，化解在這個時候產生的悲秋情緒。登高遠眺顯然是這個季節排除抑鬱的最好方法。拋開工作與生活中的煩惱，通過與大自然的親密接觸來緩解自身壓力，對於抑制悲傷的情緒大有好處。

寒露結語

　　寒露時節，天氣變冷，中國人的詩意生活裡多了絲絲蒼涼。秋深了，悲秋的情緒也被放大了。萬物凋零，山林蕭索，天地一片滄桑之景。

霜降：霜葉紅於二月花

「停車坐愛楓林晚，霜葉紅於二月花。」

杜牧的一首《山行》，生動地描繪出霜降時節的自然美景。已值深秋的北方大地，漫天的紅葉讓此時的秋景絢爛至極，滿眼的秋色像極了梵谷的畫作。秋深了，深到候鳥都已南遷，深到草木行將盡枯，深到萬籟變得消寂，深到冬天即將來臨。

霜降是秋季的最後一個節氣，此時太陽到達黃經兩百一十度，日期為每年十月二十四日或二十三日。《月令七十二候集解》中有這樣的解釋：「九月中，氣肅而凝，露結為霜矣。」所以「霜降」就是天氣轉冷，開始降霜的意思。到了這一時節，黃河中下游以北地區的晚間氣溫已經降到零度以下。

霜降三候

古人將霜降分為三候：「一候豺乃祭獸；二候草木黃落；三候蟄蟲鹹俯。」說的是到了霜降節氣，豺狼捕獲到獵物後會先將其陳列出來再食用，就像是在祭祀自己捕獲的獵物似的；此後青草和樹葉也開始枯黃、掉落；再往後，蟄蟲也要垂頭蜷

縮在洞中不動不食，進入冬眠了。而所有的這一切，都是天氣即將轉入冬季的徵兆。

霜降結霜氣候談

要說霜降時節最為明顯的氣候特徵，當然就是結霜現象的出現。在此時，黃河流域以北的千里沃野上，一片片銀色的冰霜懸掛在草木之上。從氣象學上來說，秋季的第一次降霜一般被稱為「早霜」或「初霜」，而春季出現的最後一次霜降則被稱為「晚霜」或「終霜」。從「終霜」到「初霜」之間的這段時間，就是無霜期。初霜還有個別名叫「菊花霜」，這是因為初霜降下時菊花正在開放。

霜是在夜晚形成的，其必要的溫度條件為攝氏零度以下。在晴朗的夜晚，沒有雲彩保護的地面散熱極快，一旦其溫度降到攝氏零度以下時，靠近地面的水汽就會凝結在草木和泥土上，形成一層細微的冰針，以及六角形的霜花。

在不同的地區，初霜的日期也不盡相同。比如在青藏高原上，有些地方即使在夏季也會有霜出現，年霜日甚至可以達到兩百天以上，是中國霜降日最多的地方；在西藏東部、青海南

部、川西高原、滇西北、天山、東北及內蒙東部等地區，其年
霜日也會超過一百天；到了北緯二十五度以南的地區，其年霜
日只有區區十天左右；至於在西雙版納、海南、台灣南部以及
南海諸島等地，則沒有霜降這種現象出現。

到了霜降時節，楓葉正紅得鮮豔，比早春的花兒也毫
不遜色。在冬天即將到來之際，這漫山遍野的紅葉為大自然帶
來一份難得的生機和熱情。

　　民間素有「霜降殺百草」的說法。這並非是霜降本身有著
多大的殺傷力，而是因為要形成霜降的現象，氣溫就必須足夠

低。在攝氏零度以下，一些植物體內的液體也會結成冰晶，在導致蛋白質沉澱、細胞內水分外滲的同時，也造成植物嚴重脫水，直至徹底枯萎。

儘管這時大部分花草已經枯萎，然而也有一些耐寒的花朵競相開放，比如菊花、芙蓉等。因此芙蓉也叫「拒霜花」，北宋蘇軾有詩句云：「千林掃作一番黃，只有芙蓉獨自芳。喚作拒霜知未稱，細思卻是最宜霜。」

到了霜降時節，黃河流域的大部分地區都在忙於播種冬小麥等作物，而那些抗寒能力差的植物也會在這時停止生長。初霜對作物的危害極大，且出現時間越早其危害性越大。中國各地的初霜日期是自北向南、自高山向平原逐漸推遲的。除全年有霜的地區外，最早見霜的是大興安嶺北部地區，一般在每年八月底就會有霜降發生；而最晚見霜的則是廈門、廣州到廣西、雲南一帶，要到元旦過後的一月上旬才會出現。

霜降時節的民間習俗

「霜降到，吃柿子。」這是中國許多地方都在沿襲的一種民間習俗。中國是柿子種植最早、產量最大的國家，距今已經

有一千多年種植柿子的歷史了。霜降時節，正是柿子成熟上市的時候。在舊時的中國人看來，能在這個時候吃上一口柿子，不但可以御寒保暖補筋骨，還能保護嘴唇在即將到來的冬天不會裂開。在泉州一帶，甚至還流傳著「霜降吃丁柿，不會流鼻涕」的說法。而事實上，柿子確實是營養豐富、潤肺生津、清熱止血、解酒化痰的上佳美食。柿子中含有的大量維生素和糖分，對於預防心血管硬化也有著一定的作用。

　　萬物凋零的深秋時節，也是肺部最容易受到疾病侵襲的時候，所以選擇在這時吃柿子，無疑是養生保健的有效辦法。此外，為了求吉利討綵頭，舊時的中國人還有在霜降時節買柿子和蘋果的習俗，取其「事事平安」的美好寓意，還有商人把栗子和柿子放在一起，圖的也是個「利市」的好口彩。

　　在台灣地區，人們往往會在霜降時節進食補品。這種民俗類似於北方人在立秋時節的「貼秋膘」、「搶秋膘」。閩南地區還有「一年補通通，不如補霜降」的諺語，強調的也是霜降時節及時進補的重要性。每到這時，當地的鴨子就會賣得非常好，甚至還會出現供不應求的狀況。閩台人不僅會在霜降吃鴨，更講究喝鴨湯進補。當地人甚至會用鴨湯做得是否純粹來判斷

一家飯館做菜的水平。

　　關於鴨湯，不同的地方在製作時使用的輔料也不一樣。比如重慶人喜歡放入酸蘿蔔，而閩台人則除了薑片什麼都不放，最好是連鹽都不放，這樣做出的鴨湯才是原汁原味，鴨子本身的營養才能完全釋放。出人意料的是，用如此簡單的方法做出的鴨湯不僅肥而不膩，而且喝起來也極為清爽可口，口味別緻。

　　在霜降時節製作醬菜，也是中國人歷來就有的一種習慣。之所以要在這時製作醬菜，有一個客觀上的原因，就是一旦霜降過後，薑就會因為變老而不再適合用來醃漬醬菜了，只有幼嫩的子薑才是製作醬菜的最佳原料。在中國民間，流傳著很多製作醬菜的土法。比如在霜降當天如果遇上晴朗的夜晚，就揭去醬菜壇的蓋子，使其置於露天的環境下，以便壇中的醬菜打上一層霜，據說這樣就可以製成美味的「霜降醬菜」了。

　　中國人還有霜降吃橄欖和栗子的習俗。每逢這一時節，廣東人最愛吃的零食就是橄欖，而這樣的吃法據說也有助於喉嚨的健康；到了北方，人們則喜歡在這時吃新鮮的栗子。

　　特別值得一提的是，壯族人在每年農曆九月都要舉辦「霜降節」，也就是壯語裡的「旦那」（晚稻收割結束）。在「霜

降節」期間，辛勤勞作了一年的壯族人會用新糯米做成「旦那」、「迎霜粽」等食物招待親朋好友，人們也會趁著這一農閒時間交朋結友、走親串戶、對歌看戲，並購買生產生活用具，為第二年的春耕做充分的準備。

這種「霜降節」主要流行於大新、天等、德保、靖西、那坡等縣的壯族德靖土語地區。對於當地人來說，「霜降節」是不亞於春節的重大節日，其起源與下雷土司的英雄傳說以及歡慶豐收的傳統有關。具體說來，這一節日共有三天，分為「初降」（或稱頭降）、「正降」與「收降」（或稱尾降）。

「初降」這天的主要內容是敬牛，即讓牛在這一天裡得到充分的休息。人們一早就會開始忙著做迎霜粽、旦那以及殺雞宰豬，用來款待來自四面八方的親戚朋友。到了第二天的「正降」，人們在上午要拿著旦那、肉、香燭等祭品到玉音廟祭拜進香，等到敬神結束後就要進入「霜降節」中最有名的「趕降節」。因為當地人認為「霜降節」期間購買的東西不僅耐用而且吉祥，所以他們大多都會在「趕降節」時社交會友以及易貨貿易。

到了夜裡，就是豐富多彩的娛樂時間了，人們會搭起舞台

演戲，青年男女則三三兩兩地對起山歌，趁機交友戀愛；在經過如此熱鬧的三天節慶後，才到了「散降」的時候。時至今日，傳統的「霜降節」在一些企業的贊助下，又增添了很多極富現代性的活動項目，變得更加精彩紛呈。

霜降的養生

霜降是整個秋季的最後一個節氣。隨著天氣的不斷轉涼，「秋燥」現象變得越加明顯。按照中醫理論來看，燥易傷津，因此霜降時節養生首先要重視自身的保暖，防止「秋燥」。

在飲食調養方面，這一時節人們應該注意健脾養胃、調補肝腎，多吃蘿蔔、栗子、秋梨、牛肉、雞肉、泥鰍等健脾養陰潤燥的食物。如果要更好地防止「秋燥」、「秋郁」，還可以多吃芝麻、蜂蜜、銀耳、青菜、蘋果、香蕉等食物。

此外，霜降後還是進補的好時候，諺語有「補冬不如補霜降」的說法。中醫認為這個時節屬五行中的「金」，對應肺臟。因此，此時飲食養生適合的是「平補」。適宜的食物有梨、蘋果、橄欖、白果、洋蔥、芥菜等，這些食物有生津潤燥、清熱化痰、止咳平喘、固腎補肺的功效。此時應少吃寒涼的食物，如海魚、

蝦、各種冷飲等，以免傷肺引發疾病。

　　霜降時節也是脾臟功能旺盛的時期，倘若脾臟功能過於旺盛，就易導致胃病的發生。所以，這一時期是慢性胃炎、胃潰瘍和十二指腸潰瘍的高發期。由於寒冷的刺激，人體的植物神經功能發生紊亂，胃腸蠕動的正常規律也被擾亂；人體新陳代謝增強，耗熱量增多，胃液及各種消化液分泌增多，食慾改善，食量增加，必然會加重胃腸的負擔，影響已有潰瘍的修復；深秋及冬天外出，氣溫較低，且難免吸入一些冷空氣，引起胃腸黏膜血管收縮，致使胃腸黏膜缺血缺氧，營養供應減少，破壞了胃腸黏膜的防禦屏障，同樣對潰瘍的修復不利，還可能導致新潰瘍的出現。

　　這一時期若想要做好胃腸的保養，可適當進行體育鍛煉，改善胃腸血液供應，並注意防寒保暖。飲食方面，則應該少吃冷硬食物，忌強刺激、暴飲暴食。

　　到了霜降，早晨容易起霧，天氣也較為寒冷，甚至會有霜凍出現，所以這個時節的晨間運動應適當延後。霜降前後也是呼吸疾病的高發期，如患這類病症，外出鍛煉應注意保暖，宜戴上口罩，避免冷空氣對呼吸道的刺激。由於天氣日漸寒冷，

加強體育鍛煉能夠增強抗病能力，適度的慢跑、廣播操、打太極等都是比較合適的運動方式。

霜降結語

「看萬山紅遍，層林盡染；漫江碧透，百舸爭流。」

　　一幅深秋的景象，就這樣鋪展在我們的眼前。在這樣的時節登山遠遊，觀賞滿山的楓葉，或是漫步在銀杏葉鋪就的林蔭路上，哪一種想來都是人生美事。霜降了，轉眼就要入冬了，此時，忙碌一秋的中國人懷著豐收的喜悅心情，開始期盼春天的來臨，盼望著新一輪的播種。

　　這份期盼並不遙遠。既然冬天就要來了，春天還會遠嗎？

冬藏

立冬：冬季之始，萬物收藏

冬來了。一個白雪皚皚的季節，就要在我們的面前展開它銀裝素裹的壯美畫卷了。

立冬，也就意味著冬天即將到來。在中國北方，特別是黃河流域以北的廣闊土地，冬季在這時已然拉開序幕。到了這個節氣，也就意味著萬物到了沉寂的時候。需要冬眠的動物此時已經進入了洞穴，蟄蟲和蟲卵也回到泥土或繭蛹裡沉睡，候鳥們大多移居到了南方，花草樹木也完全枯萎凋零……整個世界萬籟俱寂，天地間一派肅殺之氣。

用不了多久，雪花就將在這片土地上空飄飄而下。

在每年的十一月八日或七日，當太陽到達黃經兩百二十五度的時候，就是立冬節氣了。《月令七十二候集解》中對此的解釋為：「立，建始也。」又說：「冬，終也，萬物收藏也。」這也就意味著，一旦到了立冬時節，除了全年無冬的華南沿海以及全年無夏的青藏高原外，中國的絕大部分地區都會開始陸續進入冬季。

如果從氣候學上來劃分四季，下半年平均氣溫降到攝氏十

度以下就是真正的冬季了。按照這一標準來看，中國最北部的漠河及大興安嶺以北地區早在九月上旬就已率先進入冬季，而長江流域的冬季則要到「小雪」節氣前後才真正開始。至於「立冬為冬日始」的說法，其實與黃淮地區的氣候規律基本吻合的。

立冬三候

古時的中國人將立冬分為三候：「一候水始冰；二候地始凍；三候雉入大水為蜃。」說的是到了這一節氣，水已經能夠結成冰；而土地也開始陸續凍結；至於「雉入大水為蜃」是說一旦過了立冬，野雞一類的大鳥就再也不多見了，而海邊卻能看到外殼與野雞的線條及顏色相似的大蛤蜊，因此就好像野雞變成

立冬，是冬天的開始。在中國北方地區，這意味著冰天雪地、萬物凋零的季節即將來臨。

了蛤蜊一樣。

立冬的物候特徵

　　到了立冬時節，北半球獲得的太陽熱量會越來越少，只是由於地表還留有夏季貯存下來的熱量，所以才不至於感到太過寒冷。並且，這個時節也會時常出現風和日麗、溫暖舒適的「小陽春」天氣。

　　前文說過，儘管名字有冬季開始的意味，但立冬並不意味著中國的所有地區都在這時進入了冬季。從氣象部門統計的數據中可以知道，中國真正意義上的入冬時間大約在立冬以後二十天左右。由於中國幅員遼闊，且南北縱跨數十個緯度，所以即便是到了這一節氣，南北方溫差也相當大。此時的青藏高原大部、內蒙古和黑龍江的北部地區，平均溫度已經降至攝氏零下十度左右了；華南地區卻仍是一派青山綠水、鳥語花香的景象。

　　由於受到冷空氣的侵襲，立冬時節的氣候顯得較為複雜。在十一月的北方，特別是一些大城市中，大氣中積累的水氣和污染物微粒極易形成煙霧或濃霧，影響人們的健康和交通出行。

而迅速南下的強冷空氣也會在短時間內讓氣溫驟然下降幾度甚至十幾度。此時令人愜意的深秋天氣已經接近尾聲，明顯的降溫讓越來越多的地區進入初霜期。

在進入立冬節氣後，西南地區最為典型的華西連陰雨也隨之宣告結束，一年中難得的乾季會在此時如約而至。在雲南地區，就流傳著「四季如春，一雨便冬」的說法。如果遇到較強的冷空氣入侵，又有暖濕氣流與之相遇，就會形成較大的降雨，並且伴隨著明顯的溫度下降。此時長江以北和華南地區的雨日和雨量均比江南地區要少和小得多，對於農作物一年三熟的華南地區而言，立冬時節的乾旱對作物的生長有著極為不利的負面影響。

此外，立冬時節還常常出現強風。在中國南部直到黃淮等地，立冬時節冷空氣形成的大風常會把秋季殘存的樹葉一掃而光。如果遇到威力強、速度快的冷空氣，還會使北方山口地區和南方的江湖河面風力進一步加大，這樣的大風如果一直吹到東南沿海和台灣海峽一帶，就會對海上作業造成嚴重的損失。

立冬節氣話民俗

與立春、立夏、立秋合稱為「四立」的立冬，自古以來就是一個十分重要的傳統節日，在中國民間也有「十月朔」、「秦歲首」、「寒衣節」、「豐收節」等別稱。舊時的中國人非常重視這一節氣，圍繞著它展開的活動種類繁複多樣。

立冬從很早開始就是農曆十月裡的一個重要日子了。漢魏時期，天子要在這一天親自率領群臣迎接冬季，對那些為國捐軀的烈士及其家屬進行表彰和撫恤。在民間則有祭祖、飲宴、卜歲等諸多習俗。人們會以時令佳品祭祀先祖，並祈求來年的平安富足。

除了「迎冬」儀式，舊時的中國人還會在立冬這天相互走訪，行「賀冬」之禮（又稱為「拜冬」）。這一習俗在漢代就已出現，東漢崔寔在其《四民月令》中有「（冬至之日）進酒餚，及謁賀君師耆老，如正旦」的記載。到了宋代，人們會在這一天換上新衣，像過年過節一樣地走親訪友。

到了民國時期，立冬之日還要辦「冬學」、舉行拜師活動等。冬天夜長，而且又是農閒季節，所以選在這個季節辦「冬學」是最合適的。又因為立冬是整個冬季的開始，所以舊時的

中國人常把辦「冬學」定在這一天開始。

　　所謂的「冬學」，並非我們想像的那種正規教育，而是包含著多種性質。比如「識字班」專門招收成年男女來掃盲；「訓練班」招收的則是具有一定專長的人，對其進行專業知識訓練；「普通學習班」主要用以提高文化、普及科學技術知識……「冬學」的校址大多設在廟宇或公房裡，教員則主要聘請本村或外村的人來擔任，適當地給些報酬就可以。

　　除了辦「冬學」，很多農家人還會在立冬時節舉行拜師活動，即學生去拜望自己的老師。城鎮鄉村學校的學董（學校管理人員）會在入冬後領著家長和學生，端上方盤（盤中放四碟菜、一壺酒、一隻酒杯）並提著果品和點心，一起到學校去慰問老師，這就是所謂的「拜師」。有些老師也會設宴招待前來拜師的學生。在行拜師禮時，還要在庭房中央掛上孔子的畫像，上面寫著「大哉至聖先師孔子」。學生一邊在孔子像前行跪拜禮，一邊還要在嘴裡念叨著「孔子，孔子，大哉孔子！孔子以前未有孔子，孔子以後孰如孔子」然後再向老師請安。拜師禮結束後，學生還要在老師家中做些家務活。

　　立冬吃餃子，是中國北方地區最重要的一種習俗。北方人

愛吃餃子，尤其是逢年過節的時候，餃子必不可少。在北京、天津等地，流行立冬吃倭瓜餡的餃子。按說到了這個時候，市場上已經很少能買到這種通常在夏天才有的食材了，所以舊時的人們都會在夏天存一些倭瓜在自家的小屋或是窗台上，以備冬日食用。倭瓜經過長時間的糖化，再做餃子餡時其味道已與夏天大有不同。如果在製成餃子後再蘸些醋和蒜泥，更是一種難得的美味了。

中國人常說「好吃不如餃子」，又認為瓜類食材有著結實、踏實的寓意，再加上《禮記》中還有「食瓜亦祭先也」的說法，所以到了立冬吃倭瓜餡餃子，就多了一層祈求全家人身體健康以及懷念祖先的含義。

古時的中國人，素有「秋收冬藏」的說法。辛勤勞作了一年的中國人，終於迎來了休養生息的冬季。所謂「立冬補冬，補嘴空」的民間諺語，表達的就是這麼一個意思。隨著立冬節氣的到來，草木凋零，蟄蟲伏藏，萬物活動趨向休止，似乎是在為來年春天的再度勃發做準備。而人們經過辛勤勞作，尤其是夏季裡對於身體的過度消耗，也需要在立冬到來時盡快「補冬」，一來可以更好地抵禦冬天的嚴寒，二來也能補充自身消

耗掉的元氣。每到這一天，人們會以各自不同的方式進補山珍野味。比如南方人愛吃雞鴨魚肉，北方人鍾愛牛羊肉等。只要適當進補而不過量，這些肉類都是不錯的選擇。

隨著時代的發展，人們慶祝立冬的方式也有了新的變化。在黑龍江哈爾濱、河南商丘、江西宜春、湖北武漢等地，冬泳愛好者們會用冬泳迎接冬天的到來。冬泳是一項對人體健康非常有益的運動，除了能夠強身健體、抗衰延壽外，還可以增強呼吸器官機能，防止或減少呼吸道疾病，並改善血液循環和機體新陳代謝；另外，冬泳還能顯著提高人體的抗寒力和免疫力，預防外感引起的一系列疾病。當然這種運動方式也需要有較好的身體健康狀況作為前提，而且還要有個循序漸進的過程。在冬泳前，人們要做好充分的熱身準備，中老年人還要提前檢查身體，有嚴重高血壓和心腦血管疾病的人是不宜冬泳的。只有量力而行、適可而止，才能收到預期的效果。

立冬談養生

在中醫經典著作《黃帝內經・素問・四季調神大論》中，有關於冬季養生的相關記載：「冬三月，此謂閉藏，水冰地坼，

無擾乎陽，早臥晚起，必待日光，使志若伏若匿，若有私意，若已有得，去寒就溫，無洩皮膚，使氣亟奪，此冬氣之應，養藏之道也。逆則傷腎，春為痿厥，奉生者少。」這段文字告訴我們，冬季養生的重點在於「閉藏」。冬天的三個月草木凋零、天寒地凍，為了不攪擾陽氣，人應當早睡晚起，最好是太陽出來了再起床。心志情緒也要收斂，就好比自己有個秘密藏在心底不為人知，或是得到了一個寶物悄悄地鎖在箱子裡。此外還應當注意防寒保暖，不要使皮膚外露而損失陽氣。如果違背上述原則，就容易損傷腎臟，到了來年春天還容易生病。

　　在冬季的飲食養生方面，中醫認為應盡量少吃鹹口、多吃

為了不損失陽氣，人們在冬季應當注意「閉藏」
——多穿衣服，做好保暖措施，盡量減少夜間活動，還要收斂心志和情緒。

帶有苦味的食物。這是因為冬季是腎經活動極為旺盛的時期，而腎主鹹、心主苦；另外，飲食調養還要遵循「秋冬養陰」、「無擾乎陽」、「虛者補之，寒者溫之」的古訓。在元代的《飲膳正要》中，就有「冬氣寒，宜食黍以熱性治其寒」的說法。這是在告誡我們，在冬季要少吃生冷的食物，應該有意識地食用一些滋陰潛陽且熱量較高的食物，同時還要多吃新鮮蔬菜以避免維生素的缺乏。比如牛羊肉、烏雞、鯽魚、豆漿、牛奶、蘿蔔、青菜、豆腐、木耳等，就都是冬季養生的必備佳品。

此外，多吃海帶、紫菜以及海蜇等，對補益陰血等有著非常好的功效。進補的方式也有一定講究：立冬進補，首先要引補，因為腸胃需要一個循序漸進的適應過程。其中，熱粥、牛肉湯及性質溫和的花生紅棗湯等都是比較合適的引補食物。

到了立冬時節，身體鍛煉時一定要做好充分的熱身，以免在低溫環境中會身體發僵，造成肌肉拉傷或關節損傷。鍛煉時穿的衣物也不可過少，為防止受涼感冒，鍛煉時要穿厚衣物，熱身後可以脫掉外套；鍛煉結束後應盡快回到室內。最後，如果在室內鍛煉，還應保持空氣流通，防止因缺氧而頭暈、噁心。

立冬來了， 漫長的冬天開始了。

小雪：寂寥小雪閒中過

　　每年十一月二十三日或二十二日，即太陽到達黃經兩百四十度的時候，就到了小雪節氣。有趣的是，這個帶著濃厚的東方色彩的日子，又恰好是西方占星術裡黃道十二宮中的天蠍宮和人馬宮的分界點。到了這一節氣，中國的大部分地區都已進入了寒冷的冬季，北方更是開始了降雪天氣，只是此時的雪還不夠大，所以才稱之為「小雪」。

　　作為一個反映天氣現象的節令，《月令七十二候集解》中對於「小雪」有這樣的解釋：「十月中，雨下而為寒氣所薄，故凝而為雪。小者未盛之辭。」在《通緯·孝經援神契》中，也有與之相關的說法：「天地積陰，濕則為雨，寒則為雪。時言小雪者，寒未甚而雪未大也。」到了這個時候，氣溫比立冬時要低，華北地區已經出現了降雪，北方大部地區的氣溫更是降到了攝氏零度以下。

小雪三候

中國古代將小雪分為三候：「一候虹藏不見；二候天氣上

升地氣下降；三候閉塞而成冬。」說的是一旦進入了冬季，就再也看不到彩虹了；此時天空中的陽氣上升，地面上的陰氣下降，導致天地不通、陰陽不交，自然萬物也就沒了生機；在這種天地閉塞的環境下，寒冷的冬天也就正式開始了。

值得一提的是，黃河中下游的平均初雪期基本上是與小雪節氣最為相符的。作為一個寒潮和強冷空氣活動頻率較高的節氣，一旦強冷空氣在此期間入侵，就常伴有入冬以來的第一次降雪。雖然初雪的雪量一般不大，而且容易夜凍晝化，但如果冷空氣的勢力較強，又恰逢暖濕氣流比較活躍的話，也有可能降下大雪。這時的南方地區也已進入冬季，大地到處都是一片「荷盡已無擎雨蓋，菊殘猶有傲霜枝」的初冬景象了。

在北方，小雪節氣到來時，已經有凍土現象出現了。這時的東北大地上，土壤的凍結深度已經達到十釐米左右，此後更是以每晝夜平均一釐米的速度向下延伸，到了深冬甚至可以凍結數米之多。俗話說「小雪地封嚴」，此時的大小江河已經陸續封凍，開始出現溜冰的人群了。

農諺中素有「小雪雪滿天，來年必豐年」的說法。這句話有三層含義，其一是說小雪節氣裡出現落雪現象，來年的雨水

會分佈得比較均勻，沒有明顯的旱澇情況發生；其二是說下雪可以凍死一些病菌和害蟲，這樣就會減少來年病蟲害的發生；其三是說積雪有一定的保暖作用，既有利於土壤的有機物分解，也能增強土壤的肥力。正是基於這三點，民間才有了「瑞雪兆豐年」的說法。

初雪使得冬天的味道更濃。紛紛揚揚的雪花，銀裝素裹的天地，充滿詩情畫意；對於農田來說，一場好雪還意味著來年會有好收成，正所謂「瑞雪兆豐年」。

與小雪有關的民俗

　　小雪是入冬以來的第二個節氣，此時中國大部分地區都已進入寒冷的冬季。持續的低溫，讓勤勞智慧的中國人有了更充分的條件去製作一些耐儲存的食品。

　　民間自古就有「冬臘風醃，蓄以御冬」的習俗。急劇下降的氣溫和日益乾燥的天氣，都為加工香腸和臘肉提供了良好的條件。

　　香腸的做法，就是把豬肉均勻地切成小粒，加入食鹽、白糖、味精、料酒等調料，攪拌均勻後再灌進腸衣裡。經過西北風的一番「洗禮」，這種做法簡單的食品就成了風味絕佳的香腸。趕上家裡沒有葷菜的時侯，切一段香腸煮熟，屋子裡很快就會香氣四溢，讓人垂涎欲滴。

　　至於臘肉的醃製方法，則要稍微複雜一些。先要把肉切成大塊，再加入食鹽、酒、醬油和五香等調料，然後用細繩穿過肉的一頭拴好，在開水鍋中燙至外表不紅為止，最後就是掛在屋外通風的地方晾曬了。在之後的日子裡，每天或相隔數天晾曬一次，大約兩個月後就可以切成小塊放在米飯中蒸熟或是乾脆炒菜來吃了。人們認為這種開胃可口的醃製品存放得越久就

香味越濃，所以一般都會將其儲存到第二年開春時候。

　　在中國南方的某些地區，還有小雪節氣吃粑的習俗。粑是用糯米蒸熟搗爛後製成的一種食品，也是在中國南方的多數地區都十分流行的一種美食。在古時，粑還是一種傳統的節日祭品，最早是用來拜祭牛神的，所以俗語中才有「十月朝，粑碌碌燒」的說法。

　　製作粑的工序，是十分複雜且極為耗時費力的。糯米蒸熟後要通過一種特質的石材凹槽進行舂打，因為手工打粑很是費力，所以通常都是全家的男人輪流上陣才行。用這種方法做出來的粑不僅柔軟細膩，而且味道極佳。此外還有用黏米與糯米先磨成粉，再倒在一種用木頭雕成的模具中製作的粑，也就是俗稱的「脫粑」。

　　在南方的很多地區，人們在食用粑的時候一般都會用炭火烤炙，稱其為「燒粑」；如果是用青菜湯卜粑片，則稱其為「煮粑」；與臘肉合炒的就叫「炒粑」。如果粑做得多，一時間無法全部吃完，就用清水將其浸泡在水缸內，這樣就能儲存兩到三個月的時間了。

　　那些更有講究的土家人還會用蓼竹葉將粑包成一對一對

的，並在粑內放上一些芝麻和糖，使其吃起來又甜又香，這就成了所謂的「蓼葉子粑」了。那些來到城市裡生活的農家後代，離開故鄉後就很難再見到父輩在夜晚輪班打粑的景象了。正因為如此，在很多年輕的南方人眼中，粑已經成了一道溫暖而又充滿了兒時回憶的美食。

在小雪時節，土家人還有一年一度的「殺年豬，迎新年」和吃「刨湯肉」的習俗。「刨湯肉」是指剛剛宰殺的豬在經過開水褪毛後，用其尚未完全變僵的肉塊烹製成的各種美味的鮮肉大餐，也被人稱為「吃活肉」或是「吃活食」。每到這一時節，土家人就會宴請同寨的親友們到自己家中來吃「刨湯肉」，和大家一起分享美食。

在台灣中南部地區，那些世代生活在海邊的漁民還會在小雪時節曬魚乾、儲存乾糧，以備入冬後食用。台灣人製作的魚乾，主要是以烏魚、旗魚、沙魚、豆仔魚等為原料。台灣當地素有「十月豆，肥到不見頭」的俗諺，說的就是到了每年農曆十月的時候，漁民們就可以在近海捕捉到肥美的「豆仔魚」了。要製作魚乾，需要先把魚從其腹部剖開，洗淨後先用鹽醃半個小時左右，清洗乾淨後用乾布把魚擦乾，再繫上繩子吊起晾在

陽台上。經過大約三天的風乾和晾曬後，基本上就可以食用了。

　　每年的小雪時節，北方的果農都會為果樹修枝，並用草秸編箔來包紮株桿，以防止果樹在冬季受凍。因為冬季缺少更多的食材，所以對秋收的蔬菜也必須盡早保存處理。世世代代生活在這片土地上的人們，多採用地窖或土埋等一些土法來儲存冬日食用的食材。

　　俗話說得好：「小雪鏟白菜，大雪鏟菠菜。」意思就是到了小雪時節，人們開始挖溝儲存白菜。在對白菜進行深溝土埋儲存前，農民們會在收穫前的十天左右停止澆水，同時做好防凍工作。要儲存的白菜會盡量選擇在晴天收穫，這樣能保持其乾爽，不易腐爛。收穫完畢後，還要把白菜的根部向陽晾曬三到四天的時間，等到其外葉發軟後再進行儲存。溝的深度以白菜的高度為準，儲存時白菜的根部必須全部向下，依次並列排入溝中，天冷時還要多覆蓋些白菜葉和玉米桿用來防凍。

　　用地窖儲存白菜的方法，與深溝土埋的方式也大致相仿。因為天氣過於寒冷，所以北方人多會用地窖來儲存白菜。因為地窖可以深挖至地下數米，所以不易出現冰凍現象。時至今日，隨著生活水平的不斷提高，特別是反季蔬菜的大量供應，北方

人儲存白菜的規模已經大不如前了。

　　但數量減少並不等於徹底消失。每到冬季來臨時，無論是城市還是鄉村，北方人還是會儲存一定數量的白菜，一方面是因為白菜易於儲存且價格便宜，另一方面更是因為以白菜作為原料可以製作多種多樣的美食。對於很多北方人來說，那是他們記憶裡最為難忘的冬天的味道。

小雪養生事宜

　　小雪，望文生義，說的是降雪的程度。雖說這時距離隆冬尚遠，但畢竟也已是寒風四起的時節。此情此景，很容易勾起人們的離愁別緒，牽動心中的些許寂寥。翻閱歷代與小雪相關的詩詞歌賦，字裡行間常常能夠感受得到朔風的蕭瑟和冬日的寒冷，不過烹茶、煮酒為冬日增添了很多溫暖的氣息。正像徐鉉在其詩作中所寫的那樣：「寂寥小雪閒中過，斑駁輕霜鬢上加。」冬日的淡淡愁緒，撲面而來，揮之不去。

　　中醫理論中素有「千般災難，不越三條」的說法。這也是在告誡世人，導致疾病發生的原因不外乎三種，內因（七情過激）、外因（六淫侵襲）、不內外因（房室、金刀、跌扑損傷、

中毒）。冬季的抑鬱情緒，更多是由內因即七情過激引起。所謂七情，包括喜、怒、憂、思、悲、恐、驚這七種情緒的變化。

　　人們在日常生活中時常會出現七情的變化，而這種變化本是人體對於外界客觀事物的不同反映，屬於正常的精神活動，但在突然、強烈或長期持久的情緒刺激下，七情過激就會影響到人體的正常生理健康，使臟腑氣血功能發生紊亂，進而導致疾病的發生。

　　　無論是越加寒冷的天氣還是萬物蕭條的景象，都容易使人情緒抑鬱。因此在小雪時節，人們更應當注意調節心態，足夠的戶外運動和陶冶情操的娛樂活動都是十分必要的。

　　為避免冬季的情緒抑鬱，就應該調節好自己的心態，多參加一些戶外活動以增強體質，多曬太陽，多聽音樂讓心情得到舒緩。就像清代醫學家吳尚先說的那樣：「七情之病，看花解悶，聽曲消愁，有勝於服藥者也。」除此之外，飲食調養也有著不可小視的作用。藥王孫思邈在其《千金要方・食治方》中就有「食能排邪而安臟腑，悅神，爽志，以資血氣」的觀點。可見，冬季抑鬱是可以通過內外調節來得到改善的。

　　小雪時節，不妨在家裡養盆水仙。中醫認為，水仙可以調理一些常見病症，可治療「五熱」，比如手心發熱、腳心發熱、心口發熱等。另外，水仙還能淨化空氣，排除室內的污濁，提高室內濕度。而且水仙只要有水便活，非常容易養，如果你喜歡水仙花，不妨在今年冬天就栽種一盆。

　　進入小雪，天氣越加寒冷惡劣，人體皮膚很容易變得乾燥，可適當塗抹油脂性化妝品提高面部、皮膚、手部的抗寒能力。如果你的皮膚敏感，可以煮一鍋黃花水，再把香菜浸泡在煮好的黃花水中，等冷卻後可以用來擦拭手、臉或關節，能有效提高皮膚的抗敏能力，保護皮膚預防乾燥等。

　　另外，為了身體健康，這段時間還要勤曬被褥，並多為室

內通風換氣，適度的體育運動也必不可少。相信只要擁有良好的心態，合理運動注意膳食，一定能戰勝寒冷的侵襲。

飲食養生宜與忌

俗語說得好：「冬季進補，開春打虎。」可見這段時間是一年中最應該進補調養的時候，如果選擇在這個時節調養滋補身體，將會達到事半功倍的效果。

到了小雪節氣，老年人不宜吃太多的重口味食物，但可以增加優質蛋白的攝入，比如雞蛋、豆腐或者各種海產品等，不僅便於消化，而且富含氨基酸，營養價值較高，也可以增強抵抗力；小雪之後比較適合食用熱量較量的食物，比如牛肉、雞肉、龜肉、羊肉、蝦肉等；蔬菜有黃豆、蠶豆、胡蘿蔔、蔥、蒜、韭菜、薺菜、油菜、香菜等；橙子、柚子等水果也是不錯的冬李食品。

另外，不要過多食用煎炸、烘烤等方式製成的燥熱食物，太多的辣椒、胡椒、花椒、烈性白酒，都會對腸胃造成損害。除此之外，還可以根據自己的身體情況選擇一些涼性的食物，這樣既能幫助身體「降火」，也可以提高身體對寒冷的抵禦能

力。總之，小雪養生要遵循陰陽平衡的法則，結合自身的身體情況，因地制宜，因人而異，所謂「過猶不及」，把握好其中的「度」才是關鍵。

小雪結語

到了小雪時節，天寒地凍，農事擱淺，農家人開始了漫長的「貓冬」。他們要在熱茶裡、麻將裡、飲食裡等待，等待春天的再次來臨。與左鄰右舍嘮嘮家常，慵懶、安逸、愉快、閒適。

大雪：至此而雪盛

「北國風光，千里冰封，萬里雪飄。」毛澤東的這一首《沁園春・雪》，據說就寫在大雪紛飛的時節。大雪，給人的感覺是豪邁的北方氣息，讓人一下子就想到大興安嶺的山民在雪地裡奔跑狩獵的剽悍場景。到了這個節氣，銀裝素裹的天地變得更加寒冷，甚至冷到了人的心裡去。即便如此，對於那些生活在北方的人來說，再沒什麼會比一場真正的大雪更讓人興奮的了。

在每年的十二月七日或六日，當太陽到達黃經兩百五十五度時開始，大雪節氣便來臨了。大雪是入冬後的第三個節氣，對其名字的由來《月令七十二候集解》有這樣解釋：「大者盛也，至此而雪盛矣。」也就是說，到了大雪時節，降雪量將增大。《三禮義宗》中也有類似解釋：「大雪為節者，行於小雪為大雪。時雪轉甚，故以大雪名節 。」

大雪三候

舊時的中國人，將大雪分為三候：「一候鶡鴠不鳴；二候

虎始交；三候荔挺出。」也就是說一旦到了大雪時節，越加寒
冷的天氣會讓寒號鳥停止鳴叫；由於此時是陰氣最盛的時候，
所以遵循著「盛極而衰」的道理，陽氣在這時也已經有所萌動，
就連老虎都開始了自己的求偶行為；而「荔挺」這種草，也會
因為感受到陽氣的萌動開始抽出新芽來。

大雪氣候與農事

　　詩仙李白在他的《北風行》中，就曾生動地描繪出大雪飄
落時的景象：「燕山雪花大如席，片片吹落軒轅台。」

　　到了大雪時節，除華南和雲南南部的無冬區外，中國幅員
遼闊的大地上，已到處是一片銀裝素裹的冬日景象。此時東北、
西北地區的平均氣溫已經降到了攝氏零下度以下，黃河流域和
華北地區的氣溫也穩定在攝氏零度以下，冬小麥早已停止生長。
只有氣溫在攝氏零度以上的江淮及其以南地區，還有小麥、油
菜等作物仍在緩慢地生長。

　　常言說得好：「瑞雪兆豐年。」漫漫冬季裡能下上幾場大
雪，無疑是來年莊稼豐收的最好預兆。農諺中也有「今冬麥蓋
三層被，來年枕著饅頭睡」的說法。到了天寒地凍的冬季，降

下的雪往往不易在短時間內融化，雪的縫隙中藏有許多無法流動的空氣，而空氣不傳遞熱量，也就等於是給莊稼蓋上了一床厚厚的棉被，具有一定的保溫作用。等到寒潮退去、天氣回暖之際，融化的積雪又把水分留在了土壤裡，對於春耕播種以及莊稼的生長來說都是再有利不過的事情了。

大雪，顧名思義，就是雪下得更大了。這時冬天的樂趣才真正到來：不少人開始在結實的冰面上玩耍，每一場大雪過後，戶外都會出現堆雪人、打雪仗的人群。

另外，積雪融化時要從土壤中吸收許多熱量，使土壤的溫度驟然降低，這對於殺死害蟲和病菌也極為有利。只要密切留意氣象局對於強冷空氣和低溫的預報，並努力做好防寒保暖的準備，就能避免過度寒冷給人和農作物帶來損害。

大雪習俗

對於舊時的中國人來說，大雪是一個極其重要的節氣。每到這時，民間總會有很多與之相關的習俗出現，比如磨豆腐、編篸子、印年畫、灌香腸等。只是隨著時代的發展，這些民俗已經漸漸消失在了歷史長河中，再難尋覓了。

每到大雪時節，舊時的中國人就要從這天開始印製年畫。年畫是一種中國傳統的繪畫藝術，只是沒有明確的分類而已。早在宋代，就已經有了「歲旦在邇，席鋪百貨，畫門神、桃符、迎春牌兒。紙馬鋪印鍾馗、財馬、回頭馬等，饋與主顧」的文獻記載，只不過當時還沒有用「年畫」這一名稱來命名這些東西。

到了明代，年畫的題材已經洋洋大觀。「十二月二十四日，謂之交年，民間祀灶……人家各換桃符、門神、春帖、鍾馗、福祿、虎頭、和合諸圖，粘貼房壁。」雖說文獻已經對當時的情況有了相當全面的描寫，但卻始終沒有提到「年畫」二字。

甚至在清代的一些文獻資料中，也只是將其稱為「畫兒」。比如《紅樓夢》中在講述劉姥姥游大觀園這段故事的時候，就有這方面的內容：當賈母依欄坐下，因問劉姥姥這園子好不好？

劉姥姥念佛說道：「我們鄉下人，到了年下，都上城來買畫兒貼……」劉姥姥口中所說的，當然就是當時農家人所貼的年畫了。

至於「年畫」一詞真正出現的時間，現在可考的是清代李光庭在《鄉言解頤》中的記錄。他在《新年十事》中寫道：「掃捨之後，便貼年畫，稚子之戲耳。然如《孝順圖》《莊稼忙》，令小兒看之，為之解說，未嘗非養正之一端也。」我們推測，大概就是從這時起，民間把過年時貼的圖畫稱為「年畫」。

此後，「年畫」的定義和性質漸漸得到了確定。也就是說，凡是人們於農曆新年時在門窗或室內張貼的木版彩印畫，都叫「年畫」。至於其題材和內容，則多數是描繪勞動人民的喜慶豐收（如《莊稼忙》），或是含有某種教化意義（如《孝順圖》，也就是俗稱的《二十四孝圖》）。從現存的明清年間的木版年畫來看，其題材和內容則顯得範圍更廣、包羅萬象，除了歷史人物、神話故事、通俗小說等題材外，還有山水名勝、珍禽異獸、各地風尚、汽車火輪、槍炮戰爭、西洋風俗等，彷彿是一部民間生活的百科圖繪。這種因風俗和節日而生的「年畫」，寄託的是人們對於風調雨順、農事豐收、家宅安泰的美好願望。

　　舊時的南京有句俗語:「小雪醃菜,大雪醃肉。」也就是說,大雪時節正是家家戶戶忙著醃製「鹹貨」的時候。據說醃和醬的方式,是舊時的中國人「度荒」的一種方法。到了這一時節,南京地區的氣候會變得寒冷乾燥,此時製作的醃肉不易腐敗,能夠長久保存。每到大雪後,老南京人的家裡都懸滿自製的臘腸、醃魚。從老南京的街上走過,滿街都飄著風乾的醬魚、醬鴨的香氣,那種獨特的味道真是聞著都要很陶醉。

　　早年間,磨豆腐也是大雪節氣裡的重要風俗之一。據說,豆腐是西漢時期的淮南王劉安發明的,所以南宋朱熹才會在其《素食詩》中寫下「種豆豆苗稀,力竭心已腐,早知淮南術,安坐獲泉布」的句子。

　　除此之外,民間關於豆腐的起源還有另一個傳說:相傳在古代,灶王一到年關就會上天匯報民間的生活狀況,玉帝在聽過匯報後還會下界查訪,看各家各戶是否如灶王所奏。到了這時,各家各戶就會吃豆腐渣來表明自家的日子過得如何清苦,以此來瞞過玉帝的懲罰。後來,這種豆腐渣也就演變成了今天可口美味的豆腐。

　　豆腐可謂是百搭的食材,既可煎又可炒,既可拌又可燉,

難怪一代名家瞿秋白說它是世界上最好吃的食物。豆腐中所含的營養十分豐富，是高蛋白低脂肪的健康食品，有著一定的食療功效。中醫理論認為，豆腐性涼味甘，所以有益氣寬中、生津潤燥、清熱解毒的作用。冬天乾燥的氣候環境極易讓人體出現內熱的狀況，在這時適當吃些豆腐，對於祛除虛熱也有一定的好處。

在中國台灣地區，民間還流行著「頂初三下十八，早潮晏退」的俗諺。意思是說在農曆十一月三日和十八日的時候，海潮會出現早早漲潮、晚晚退潮的現象。所以每到大雪時節，在沿海活動的人都會格外注重安全問題。台灣是座海島，所以這裡的民俗也多與大海有關。譬如台灣俗諺中所說的「小雪小到，大雪大到」是指從小雪時節開始，烏魚群會越來越多地進入台灣海峽。

到了大雪時節，因為天氣變得越來越冷，烏魚就會沿著水溫線向南洄游。烏魚群不斷彙集之際，也就到了整個台灣西部沿海大量捕獲烏魚的時候了。此外，在台東，大雪節氣正值杭菊盛開之時，當地人會在這時把採收的菊花經過乾燥處理製成菊花茶，據說經常飲用有明目、養肝的神奇功效。

大雪養生補冬

　　到了大雪時節，也就到了一年當中進補的最佳時機。在舊時的中國人看來，如果能在大雪時節進補得當，一整年都會不受寒病的滋擾。不過進補也要因人而異，而且食療也只是進補的一個方面而已，切不可以一當百、牽強附會。

　　冬令進補能提高人體的免疫功能，促進新陳代謝，還能使能量最大程度地儲存於體內，有助於體內陽氣的提升。俗話說「三九補一冬，來年無病痛」，說的也正是這個道理。但這並不是說到了大雪時節要大補特補，養生還須有度。比如食必進補，過分靜養，雖然屬於養生的範疇，但用之太過反而會影響健康。食補太過則會出現營養過剩，過分靜養則會出現動靜失調。如果真的想對身體有益，養生保健還須有度適中。

　　大雪時節進補應該以補陽為主，但也要根據自身的狀況來加以選擇。面紅上火、口腔乾燥乾咳、口唇皸裂、皮膚乾燥、毛髮乾枯等陰虛之人應以防燥護陰、滋腎潤肺為主，盡量食用一些柔軟、甘潤的食物，如牛奶、豆漿、雞蛋、魚肉、芝麻、蜂蜜、百合等。同時也要忌食辣椒、胡椒、大茴香、小茴香等燥熱食物。如果是經常面色蒼白、四肢乏力、易疲勞怕冷等陽

虛之人，則應多吃一些溫熱、熟軟的食物，如豆類、大棗、懷山藥、桂圓肉、南瓜、韭菜、芹菜、栗子、雞肉等，不要吃黏、乾、硬及生冷食物。此外，大雪節氣前後還是柑橘類水果大量上市的時候，適當食用這類水果可以防治鼻炎，消痰止咳。

由於這時候天氣進一步轉冷，為保暖起見，衣服也要隨時跟著溫度的降低而適當增加，以保護陽氣不受寒冬的侵襲。此時的南方正是季節轉換之際，所以極易引發中風，特別是那些有高血壓、高血脂、糖尿病等病症的人要格外注意。

大雪結語

大雪時節，大江南北到處都洋溢著美食的香氣和濃濃的中國味道。在雪的映襯下，在寂靜的烘托中，整個「人間」都被濃縮到了無數家庭的平凡生活中。欣賞著窗外的銀裝素裹，感受著屋內的親情溫暖，這情景，如此和諧，又如此美妙。

所謂「一花一世界」，說的就是此般情景吧。

冬至：冬至大如年

冬至，是一年當中太陽照射最短的日子。

古人對冬至是這樣解釋的：「陰極而陽始至，日南至，漸長至也。」這裡的「至」有「極致」之意。之所以這樣說，是因為此時的白晝最短、日影最長，同二十四節氣中的夏至恰好相反。冬至也是一年當中最極致的一個日子，更是氣候變化的重要節點之一。正因為如此，中國人歷來重視冬至節氣，甚至俗諺中還有「冬至大如年」的說法。早在周代起，中國無論是宮廷還是民間，都會在這一天舉行相關的祭祀活動。

冬至三候

舊時的中國人，將冬至也分為三候：「一候蚯蚓結；二候麋角解；三候水泉動。」蚯蚓在古代傳說中被認為是一種陰曲陽伸的生物，在這個陽氣雖已生長、但陰氣仍很強盛的時節，蚯蚓仍舊蜷縮著身體。冬至過後五天，麋的角也會脫落。在古人看來，麋的角是朝後生長的，所以才會和鹿形成一陰一陽的兩極。正因為如此，到了冬至時節，感受到陰氣漸退的麋會出

現角脫落的現象。此後再過五天，不斷上升的陽氣讓山中的泉水又開始流動，並且還有了一定的溫度。

冬至氣候小解

在冬至這一天，太陽直射在南迴歸線（又稱為冬至線）上，此時的北半球白天最短、黑夜最長，在北極圈內還會出現永夜現象。

冬至過後，就到了「九九」時節了。因為到了冬至，太陽高度最低，日照時間最短，地表散失的熱量比吸引的熱量要多，所以氣溫會變得越來越低，真正的寒冷這時才開始。古代中國人以「九九」計算冬至到春分前這八十一天內的天氣變化情況。數九即每九天為一「九」，共九「九」八十一天。而到了「三九」前後，地面積蓄的熱量達到最低值，天氣變得極為嚴寒，所以才有了「冷在三九」的說法。到了「九九」，已是公歷的三月份了，這時中國大部分地區都已進入初春，於是也就有了「九九豔陽天」的說法。

天文學上會把冬至作為整個冬季的開始，可是這對於中國多數地區來說卻顯然偏遲了一些。到了這時，中國北方地區早

已處在隆冬時節，南方地區也開始進入冬季。只有在全年無冬的西南少數地區，在當地最冷的一月上旬能把平均氣溫保持在攝氏十度以上。即便是在最溫暖的海南、台灣等地，此時也已經進入到一年當中最寒冷的時候了。

冬至期間的民俗文化

冬至又被稱為「冬節」、「交冬」、「長至節」、「亞歲」，是漢族的一個傳統節日。每到這一時節，中國北方的大部分地區都有吃餃子的習俗，而南方人則有在這天吃湯圓、吃南瓜的習俗。

早在兩千七百多年前的春秋時代，中國人就已經開始用土圭觀測太陽，也由此測定出了冬至的具體時間。每到這一節氣，古人都會舉行相應的祭祀活動。據《周禮·春官宗伯第三》中記載：「以冬日至，致天神人鬼。」也就是說，人們在冬至這一天要祭天地、敬鬼神，目的是祈求消除疫病，減少災荒帶給人們的飢餓與死亡。周天子會在每年的冬至之日帶領文武百官來到國都南郊的圜丘，舉行祭天儀式。

到了漢代，人們會在冬至這天放假休息，以達到休養生息

的目的。《後漢書・禮儀》中所記載的「冬至前後，君子安身靜體，百官絕事」說的就是這一情況。

中國自周代以來就有冬至祭天的習俗。本圖作者為英國畫家威廉・辛普森，描繪的是一八七二年十二月，同治皇帝在北京天壇圜丘壇舉行祭天大典的場面。

在唐宋時期，冬至已經成為非常重要的節日了。所以宋代孟元老在其《東京夢華錄》中才會有「十一月冬至。京師最重此節，雖至貧者，一年之間，積累假借，至此日更易新衣，備辦飲食，享祀先祖。官放關撲，慶祝往來，一如年節」的記載。

到了明、清兩代，皇帝冬至祭天的地點則是天壇，並將這種活動稱為「冬至郊天」。這一天，宮廷內外以及文武百官還有向皇帝遞交賀表的儀式，大家會像過年一樣互相祝賀。

到了冬至這天，不論貧富，餃子都是必不可少的節日大餐。

正因為如此，俗諺中才有「十月一，冬至到，家家戶戶吃水餃」
的說法。而這種延續了千百年的古老習俗，據說是為了紀念「醫
聖」張仲景在冬至捨藥的事跡而流傳下來。

　　說起張仲景，就不能不說到他編著的《傷寒雜病論》。這
是中國古代最為著名的一本醫學著作，也是被歷代醫者尊為集
醫家之大成的經典之作。相傳，東漢時曾擔任長沙太守的張仲
景，在任上就有訪病施藥、大堂行醫的慈善之舉，辭官回鄉後
更是一心一意為鄉鄰治病，並留下了「進則救世，退則救民；
不能為良相，亦當為良醫」的千古名言。

　　在他返鄉為民的時候，正值嚴冬時節。他看到白河兩岸的
鄉親們大多面黃肌瘦、飢寒交迫，甚至不少人的耳朵被凍傷，
就讓自己的弟子在南陽東關搭起醫棚，支起大鍋，在冬至當天
施捨「祛寒湯」和「嬌耳」給所有染上凍瘡的人。他先是把羊肉、
辣椒和一些驅寒藥材放在鍋裡熬煮，然後將羊肉、藥物撈出來
切碎，再用面皮包成耳朵樣的「嬌耳」，煮熟後分給前來求藥
的人吃。百姓們吃了「嬌耳」，又喝了「祛寒湯」，不僅凍傷
的耳朵都得到了治癒，凍得僵硬的身體也開始回暖。

　　後人學著「嬌耳」的樣子包成食物，這才有了今天的餃子。

時至今日，在張仲景的家鄉南陽，仍舊流傳著「冬至不端餃子碗，凍掉耳朵沒人管」的民謠。

許多地區有著冬至吃餃子、吃餛飩的習俗。最早的時候這兩種食物並無區別，後來餛飩的做法漸漸有了自己的特色，到了唐朝，人們終於正式區分了餃子與餛飩。

除了吃餃子，冬至時節吃狗肉也是一種有著悠久歷史的古老習俗。相傳漢高祖劉邦在冬至這天偶然品嚐到了樊噲煮的狗肉，覺得味道特別鮮美。而民間百姓在得知此事後，也紛紛開始效法，進而形成了冬至時節吃狗肉的習俗。在中國古代，狗肉不但是一種主要的肉食材料，還有很好的滋補功效，所以冬至吃狗肉的習俗被一直延續到了今天。

舊時的老北京還有「冬至餛飩夏至麵」的習俗。據說這一

習俗還與抗擊匈奴有關。相傳漢朝時北方的匈奴經常騷擾邊境，致使百姓不得安寧。當時的匈奴部落中有渾氏和屯氏兩個首領，於是對其恨之入骨的百姓就用肉餡包成角兒，再取「渾」、「屯」的諧音將其稱為「餛飩」。因為最初製成餛飩的時間是在冬至這一天，所以代代相傳後也就有了在冬至這天吃餛飩的民間習俗。

在江南水鄉，人們還有在冬至夜裡全家歡聚共吃赤豆糯米飯的習俗。這種食品原本有驅疫避鬼、防災祛病的寓意在裡面，不過隨著時代的發展和文明的進步，如今的人們已經更多地把注意力放在了食品本身的營養價值上。赤豆和糯米都是滋補佳品，尤其糯米還有御寒保暖的作用，所以在嚴冬時節吃這種赤豆糯米飯，確實是很好的選擇。

冬至各地習俗

由於冬至過後就到了「九九」的時候，舊時的文人、士大夫和普通百姓都會在這時舉行很多消寒活動。文人雅士會選擇在「一九」開始的這天約上九位朋友來飲酒，酒席上還要用到九碟九碗，取其「九九消寒」的寓意。另外，民間還有在冬至

時節填「九九消寒圖」來消遣的遊戲，在消磨時間、娛樂身心的同時，也用這一遊戲來簡單記錄當時的氣象變化。一些閱歷豐富的老人，還能根據「九九消寒圖」來大致推測出下一年的雨水多少和豐欠情況。

與這些消寒活動和遊戲相比，各地在冬至時節的民俗活動則顯得更為正統、更加隆重。

在廣東人眼裡「冬至大如年」，冬至甚至在某種程度上比春節還重要得多。儘管冬至時節沒有專門的假期，但當地人還是會在這一天闔家團聚，先朝拜祖先，然後一家人聚在一起吃一頓豐盛的團圓飯，以此來祈求新一年鴻運當頭、萬事如意。

在泉州地區，一直流傳著「冬節不回家無祖」的說法。即使是那些遠在他鄉工作、創業的泉州人，到了冬至這天也會盡可能地趕回家中。從這一天的早晨開始，泉州人要先煮好甜丸湯敬奉祖先，然後一家人再以這種食物作為早餐。一些人家還會在餐後特意留下幾粒米丸粘在門上，稱其為「敬門神」。泉州人喜歡把元宵丸稱為「頭丸（圓）」，把冬至丸稱為「尾丸（圓）」，這樣頭尾都「圓」，也就意味著全家人在新的一年中都能一切圓滿了。

在清代嘉慶年間的《惠安縣志‧風俗志》中就有「吃米丸」的記載，所以這一習俗在泉州當地可謂是由來已久。到了中午，泉州人要祭拜祖先，夜間要舉行家祭活動，其隆重程度絲毫不亞於除夕。而且，泉州人的祭祀供品中也必須要有嫩餅菜。在泉州人看來，一年中只有冬至、除夕和清明這三個節日需要備辦嫩餅菜。據說這種食品有「包金包銀」的寓意，所以是泉州人眼中最為貴重的一種食品。

許多地區保留著「冬至大如年」的舊俗，在冬至這一天舉行隆重的祭祀，並烹製豐盛的美食。

在長沙，民間同樣也有「冬至大如年」的說法。長沙人稱冬至前一天為「小至」。在這天夜裡，舊時的當地人會全家聚在一起吃團圓宴，稱其為「二除夜」或「冬除」，有的人家還會在晚宴上吃餛飩。因為餛飩與「渾沌」諧音，當地人把冬至看作是開天闢地的紀念日，所以取「渾沌初開，乾坤始奠」的寓意，來表達自己對於天地的敬意。

舊時的長沙人還有冬至日召集族人到宗祠祭祖的習俗，屆時會殺豬宰羊、大辦「冬至酒」。舉行祭祀儀式時，年長的人不論身在何處都要趕回家鄉。因為古時存在著男尊女卑的舊習，所以吃「冬至酒」只能男性參加，女性不能入席。已婚婦女可以在當天返回娘家，但夜晚之前必須趕回婆家。這一天各家還有吃糯米飯的習俗，據說這樣能滋潤皮膚，防止手腳凍裂。

時至今日，長沙人還習慣在冬至前後自製臘魚臘肉。將魚肉用鹽醃四五天後再掛到有風吹過的地方晾乾，然後再用木屑、穀殼、橘皮、花生殼加以熏烤，或是掛在柴灶上用煙熏制，直到其顏色變得金紅，也就製成了著名的「冬臘肉」。這種美食可以儲存到第二年的夏天。另外當地人還會在冬至這天製作霉豆腐。這種又被俗稱為「貓乳」的美食，也是長沙當地的特色

美食之一。

　　蘇州是兩千五百多年前的吳國都城，因此地沿襲了周代曆法，所以這一地區把冬至作為一年當中最重要的節日，至今還保留著「冬至大如年」的遺俗。每到這一時節，蘇州的大街小巷都會瀰漫著冬釀酒的香氣。這種一年只釀造一次的酒，因為有著桂花的香郁之氣，且甘甜爽口，所以一直深受當地人的喜愛。舊時的蘇州人甚至認為如果在冬至這天不喝上一口冬釀酒，就會被冰冰冷冷地凍一夜。

　　除了冬釀酒，舊時的蘇州人還會在冬至這天從四面八方趕回家中，和全家人一起吃「圓夜飯」。有趣的是，這頓「圓夜飯」不僅豐盛，還會給很多菜品起一個寓意美好的名字。比如「元寶」（蛋餃）、「團圓」（肉圓）、「撲撲騰」（雞）、「金鏈條」（粉條）、「如意菜」（黃豆芽）、「吃有餘」（魚）等，形色相似，喜慶美好。

　　「冬至霜，月娘光；柏葉紅，丸子捧。」這是福建地區關於冬至節氣的一首兒歌。《八閩通志》中記載的興化府風俗：「前期粉糯米為丸，是日早熟而薦之子祖考」由此可知，「冬至暝」的習慣以及「丸子」的製作都是當地人在冬至時節必不可少的

民間習俗。

　　在舊時的福建人看來，冬至的前一夜就是所謂的「冬至暝」。在這天傍晚，家家戶戶的廳堂上都要點起紅燭，照得滿屋通明，寓意「事業輝煌」。人們會事先把準備好的十雙筷子用紅紙條封腰，再準備生薑、板糖各一塊，一家人在洗淨手和臉以後，由家長點燃蠟燭上好香，然後鳴放鞭炮，之後就開始搓「丸子」。這裡所說的「丸子」，其實就是糯米團。心靈手巧的婦女還會在這時將「丸子」捏成元寶、聚寶盆、小狗、小豬等等形狀，取俗諺中「運氣好，狗仔銜元寶」及「做狗，做豬，做元寶」的寓意，象徵全家人能在新的一年中「財源廣進、六畜興旺」。

　　搓好「丸子」後，要將其放在「大笠孤」（簸箕）中，扣上蓋子，擺在自家的「灶公」灶前過夜。到了第二天，也就是冬至當天的早上，家庭主婦們會把「丸子」倒進鍋裡，加入生薑、板糖和水一起煮成香、甜、黏、熱的「甜丸子湯」，先把它拿去祭祖，然後再由全家人分而食之。吃過了「甜丸子湯」，一家人還要帶著「丸子」、水果、香燭、紙錢等東西上山祭掃祖墓。因為冬至時節是一年當中最後一個可以掃墓的日子，所

以這時掃墓的人反而會比清明、重陽兩節還要多。

冬至保健養生說

中醫有「冬至一陽生」的說法。到了冬至,直到大寒的這整個時期,是一年裡最冷的時節。這時患中風的人通常會所有增加,而患有高血壓和心臟病的人病情也容易加重;因此,這時高血壓、動脈硬化、冠心病患者要特別提高警惕,謹防發作。一般人也要注意防寒保暖,及時增添衣物,調節飲食起居,防止過度勞累,還要注意保持良好的心態和穩定的情緒;除了適當進行一定的御寒鍛煉外,還可以多用冷水洗臉,以此來提高機體對於寒冷的適應性和耐寒能力;另外最好還能定期去醫院檢查,以便防患於未然。

冬至養生,有三點須注意。第一,要以養腎為先。中醫認為腎是人體的「先天之本」。到了寒冷的時節,腎既要為維持熱量支出,又要儲存一定的能量,所以養腎至關重要。在飲食上應注意熱量的補充,要多吃些豆製品和肉類,並補充維生素和無機鹽。第二,要食用溫熱的食物。生冷的食物易損傷脾胃,過熱的食物易損傷食道,所以,到了冬至時節,要吃偏溫熱鬆

軟的食物，以保證脾胃的健康。第三，到了冬至要少吃鹹味食品，多吃苦味食品。冬天腎的功能偏旺，如果多吃鹹味食品，腎氣會更旺，以至於傷及心臟；而吃苦味食品則能增強腎臟功能，補益心臟，如檳榔、橘子、豬肝、羊肝、大頭菜、萵苣、茶等，都是這一類食物。

冬至結語

冬至時節，天地間的陰氣到了最為鼎盛的時候，寒風似乎能鑽進人心裡。從南至北，冷風肆虐，每一個中國人此時都在經受嚴寒的考驗。不過所謂「物極必反」，越是寒冷，越是意味著春天的腳步已經離我們越來越近。眼看著二十四節氣中最讓人敬畏的小寒、大寒即將尾隨而至，那些還沒做好準備去迎接最後寒冷的人們，也該抓緊時間、有所動作了。

小寒：風不信，則花不開

小寒一名的由來與小暑、大暑相類，在《月令七十二候集解》對「小寒」的解釋為：「十二月節，月初寒尚小，故雲。」

小寒，是相對於大寒而言的。中國人歷來就以講求分寸感而顯得可愛，凡事總要分出個大小。農曆有大小月之分，節日有大小年之別，就連火候都要分出個大火、中火、小火、微火以區分強弱的不同，也唯以這般細緻的心懷，才能讓相同食材透過煎炒烹炸，做出不同的口感與風味。至於傳統文化，亦是如此風格。

小寒的日期為每年的一月六日或五日，此時太陽到達黃經兩百八十五度。民間有「小寒勝大寒」的說法，說的是雖然名為小寒，但此時的天氣已經極為寒冷，中國大部分地區從這一節氣開始就已經進入一年中最為寒冷的時期。

小寒三候

在古代，智慧的中國人通過細心觀察，又將小寒分為「三候」，即「一候雁北鄉，二候鵲始巢，三候雉始鴝」。從太陽

運行的角度講，冬至過後，太陽從南半球向北半球回歸，地處溫帶的中國此時也從南至北逐漸回暖。細心的古人還觀察到，一旦進入了小寒時節，候鳥之一的大雁便會對陽氣有所感覺，隨即開始漫長而艱辛地遷移，從南往北而去。當然，這時牠們不會回到真正的北方，只是離開了南方最熱的地方而已。又過五天後，北方大部分地區都隨處可見喜鵲的身影，因為牠們也在同樣感到生發的陽氣後開始築巢；而所謂「雉鴝」，也就是雉的鳴叫。在接下來的五天裡，古人已經能夠聽到雉的鳴叫，而此時的天氣，剛好已接近「四九」，早春近了。

九九時節

　　小寒正處於「九九」中的「三九」之時。「九九」又稱「冬九九」，是冬季的一種民間習俗。前文說過，所謂「數九寒天」，就是從冬至數起，每九天數一「九」，一直數到「九九」，共八十一天。古語中有「九盡桃花開」的說法，說的就是一旦「九九」過後，天氣便開始變暖了。

　　自古以來，中國人對於「九九」就十分重視。關於這一點，從大江南北數不勝數的「九九歌」中便可窺其一二。這些歌謠

巧妙地通過「九九」時節自然界的物候現象，生動地反映了這八十一天中天氣的變化規律。

　　到了明代，中國民間更是出現了「畫九」的習俗。所謂「畫九」，實為冬至後計算春暖日期的一種圖畫。據明代《帝京景物略》中記載：「日冬至，畫素梅一枝，為瓣八十有一，日染一瓣，瓣盡而九九出，則春深矣，曰九九消寒圖」。

　　在清代，「九九消寒圖」則又演變成每九天四句，共計三十六句的「歷史大事記」，其內容從遠古時代的「三皇治世」到當朝的「大清坐金鑾」，也算是雅致有趣了。

　　除「畫九」外，清代還出現了「寫九」的習俗。「寫九」的文化韻味則又是另一番景象，往往使用「亭前垂柳珍重待春風」或「春前庭柏風送香盈室」。這兩幅九字盈聯中的每個字都是九筆，而每幅又都有九個字，這樣剛好就是八十一筆。人們將這幅字以雙鉤成幅，從頭九第一天開始描紅，用粗毛筆著黑色，每天一筆，九字填完正好八十一天。

　　最為有趣的是，在「寫九」的過程中，每填完一筆後，還要用細毛筆著白色，在筆畫上記錄當日的天氣情況，所以一行「寫九」字幅，不僅成為漫漫嚴冬裡一項文雅的業餘活動，其

內容也剛好可以作為數九寒天裡較為詳細的一份氣象資料。

為了打發寒冷漫長的「九九」時光，中國人發明了「九九消寒之圖」。以這幅「九九消寒之圖」為例，圖中共有九個字，每個字又有九筆，每天填一筆，全填完之後正好是八十一天。

　　在休閒生活極盡豐富、瓜果蔬菜一應俱全的現代社會裡，我們已經很難理解「九九」對於古人的特殊意味了，更不會明白「畫九」、「寫九」的趣味究竟何在。這些看似古老的風俗習慣，寄託著舊時中國人對於春天最為殷切的憧憬與盼望。

　　在白雪皚皚的隆冬時節，在寂靜到不免有些冷清的舊中國城鎮或鄉村，祖先手捧著熱茶，在顏色微紅的炭火旁，在充滿溫情的家常裡短中，度過了一個又一個漫長冬日。每數一天，每畫一筆，在這些儀式般的習俗裡，人們心中的那個感覺想就越發清晰起來，那便是春的腳步近了，耕耘和收穫近了。

只要太陽還能東昇西落，只要大地還能冰雪消融，只要雁北鄉，只要鵲築巢，只要中國人可以享受著眼前平安和睦的日子，只要每個人的心裡一如既往地守候著信念，春天就一定會如期而至，悄悄地來到我們的身邊。

小寒談養生

　　到了小寒，養生需格外注意養腎防寒。在起居上，應早睡晚起，寒冷的天氣避免外出；在飲食上應吃溫熱的食物，並注意雜葷搭配；另外還要適度鍛煉，增強自身抵抗力。

　　小寒時節的養生有三大事項應特別注意：

　　首先，小寒時節的養生應減甘增苦。小寒天氣寒冷，人體腎氣較弱，因此，飲食方面宜減甘增苦，調理腎臟，補益心肺。可多吃核桃、杏仁、羊肉、牛肉、花生、榛子、松子、芝麻、瓜子、葡萄乾等，也可結合藥膳進行調補。

　　其次，小寒時節的養生要注意保暖。小寒時節天氣嚴寒，所以保暖成為了這一時節的重中之重。寒冷的冬季，正是關節痛、頸椎病以及心腦血管疾病的高發期，所以應格外注重保暖，防止疾病發生。小寒保暖，要對肩頸部、腳部等易受涼的部位

加倍保護，另外還要注意通風換氣，保持身心舒暢。

　　第三，小寒時節的養生鍛煉宜在日出後。小寒時節，陽氣潛伏，所以運動也要順應自然，不可過早，最好在日出後進行鍛煉。在運動前還應做好熱身，另外運動量不可過大，不可練到大汗淋漓。在運動類型方面，長跑、跳繩、踢毽子、滑雪等都是比較合適的運動項目。

小寒時節外出鍛煉時運動量不宜過大，普通的跳繩、踢毽子等活動就能滿足需要。

小寒的飲食

　　與中國民間其他節日一樣，小寒也有獨特的飲食與之相配。儘管隨著時代變遷，這些食物有的已被人們漸漸淡忘，還

有的已不再只屬於小寒，但我們仍能從這些美食的食材、做法裡，感受到中國古人對小寒節氣的虔誠樸素的情感，而這份情感裡也包含著中國人對於自然萬物的敬畏之心。

從「冬至」起的「一九」算起，直至「三九」到來的小寒時節，人們會越來越明顯地感受到刺骨般的天寒地凍。小寒時節的飲食，也當然就和「防寒」有著最為緊密的關係。時至今日，在中國嶺南及廣州等地，仍沿襲著小寒吃糯米飯的習俗。廣州人一直篤信糯米的高含糖量會給食用後的人帶來週身的溫暖感受，從內而外地祛除、抵禦寒氣，所以當地有「大寒小寒糯米來驅寒」的民間諺語。中醫理論也認為糯米有補中益氣之功效，在寒冷的季節裡吃鬆軟可口的糯米飯是不錯的選擇。

糯米飯的做法並不難。為避免太糯，糯米和香米的配比一般是六比四。把臘肉和臘腸切碎炒熟，再加上一把炒熟的花生米和一些碎蔥白，拌在蒸好的糯米飯裡，一碗香糯可口的糯米飯便做好了。如今，糯米飯已不再是小寒節氣廣州人的必備早餐，但人們仍然會記起這個傳統，念起這個味道，甚至可以清晰地回憶起自己的童年，在小寒節氣的某個早上，被媽媽的糯米飯香喚醒的舊時光。

　　在作為六朝古都的南京，同樣也有吃糯米飯的舊習俗。但
與廣州人略有不同的是，老南京人會習慣性地稱呼這種糯米飯
為菜飯。這種飯食在不同的南京人手裡，做法五花八門，往往
各有千秋。其中相對固定的做法是都會選用矮腳黃青菜作為主
要食材。不過，葷菜擇取卻是因人而異：有人會以鹹肉片相佐，
有人則會用香腸片匹配，也有人輔以板鴨肉丁。

　　人們將矮腳黃和葷菜還有生薑粒、糯米放在一起煮，其香
鮮可口的味道足以令每個在場者垂涎不已。值得一提的是，矮
腳黃、香腸、板鴨都是南京當地的著名特產，用它們做出這樣
一道美食，所謂的「南京菜飯」當然實至名歸。

　　除了在小寒當天食用的美食種類繁多，在整個小寒時節進
補的食物也是花樣百變、層出不窮。到了這一時節，雖然仍是
天寒地凍，但天地間的陽氣已經在慢慢積攢、上升，這也讓小
寒時節成為進補的大好時節，所以自古有「三九補一冬，來年
無病痛」的說法。在小寒時節完成進補，既可以抵禦嚴寒天氣，
又能保證在來年少有疾病，是難得的進補時機。

　　小寒時節的進補分為食補和藥補兩種，在進補時最好是將
食補與藥補相結合，且以溫補為宜。　在食補方面，體質較弱尤

其是精血、氣血虧損較甚的人，應以血肉之品來溫養氣血，比如含有動物類高蛋白的一些食物，就是最為適宜的選擇，可增強機體的御寒能力和抗病能力。同時還要注重對於脾胃功能的恢復與健全，以避免因為身體原因導致的「虛不受補」。類似甲魚、海參、海蝦、紅棗、山藥、黑木耳、芋頭、糯米、紅豆、姜等等，都是很好的食補食材，用這些食材做成溫熱的湯羹或者煮成粥，又或是做成煲仔菜、火鍋，也都是食補中的上等佳品。

至於藥補方面，則要根據個人的陰陽氣血的盛衰狀況來選擇食材了。常用的補藥有人參、黃耆、阿膠、冬蟲夏草、首烏、枸杞、當歸等。若要結合食材寒熱之屬性來選擇，則有羊肉、狗肉、豬肉、雞肉、鴨肉、鱔魚、甲魚和海蝦等動物性食材，以及核桃仁、大棗、龍眼肉、芝麻、山藥、蓮子、百合、栗子等植物性食材可供選擇。因人而異、區分擇取，才是藥補的重中之重。

花信風初來

前文提過，此時雖然歲寒三九，天地冷清，但大地已經在

一點點積蓄熱量。所以在小寒期間，也一樣有花開的時節。徐師川有詩云：「一百五日寒食雨，二十四番花信風」，從中我們大略可知，花信風是從小寒之日起，一直要吹到谷雨時節的，前後歷經四個月、八個節氣，共有二十四番，且每番花信風中均有所候，共二十四候。此二十四候與節氣中的七十二候相似，也是二十四種不同的等候與盼望。

　　小寒花信風也有三候，即「一候梅花，二候山茶，三候水仙」。

在如此寒冷的節氣裡，卻吹來了第一番花信風，為首的便是以「欺霜傲雪」著稱的梅花。漫漫冬日因這頑強美麗的花朵而添了幾分喜悅和詩意。

　　梅花又有「報春花」的美稱。自古以來，中國人就一直以梅為吉祥之花，稱梅有「四德」，即「初生為元，開花如亨，結子為利，成熟為貞」。先哲們除了用這「四德」來表述事物從始到終發展的四個階段，還喜歡將花開五瓣的梅作為五福的象徵，即「一曰壽，二曰富，三曰康寧，四曰修好德，五曰考終命」。這五福不僅代表了人的富貴、長壽、好德等福分，相傳還是古書上記載的治理國家的九種方法之一。

　　另外，中國的古典文化中始終流傳著「梅蘭竹菊四君子」的說法，而梅之所以能夠排在「四君子」之首，不僅因其花開最早，更因它冷豔、孤傲的氣節。也正因為如此，梅花才成為了中國文人最為喜愛的花木之一。

　　王冕畫梅成癡的故事歷經千古傳頌至今，林逋以梅為妻更是成了後世的美談。從「江南無所有，聊贈一枝春」到「遙知不是雪，為有暗香來」，從陸游到毛澤東，梅作為文人性情的一個符號，為中國文學注入了無窮詩意。

　　開花期緊隨在梅之後的，是深冬開放且花期極長的山茶。山茶是常綠闊葉灌木或小喬木，樹冠形狀優美，葉色鮮亮，花朵大而豔麗，自古以來便是極負盛名的觀賞花卉。郭沫若曾賦

詩讚美：「茶花一樹早桃紅，百朵彤雲嘯傲中」在文人的眼中，這種耐寒性極佳的花卉頗有越戰越勇、逆流而上的氣度，其風骨堪比傲梅，「唯有山茶殊耐久，獨能深月占春風」；其豔麗又不遜牡丹，「花繁豔紅，深奪曉霞」。

山茶原產於中國東部，後來在各地廣泛栽培，南起海南省，北至山東嶗山，東起台灣省，西至四川等地都有分佈；曾在七世紀時傳到日本，並開始向亞洲其他國家傳播；十八世紀，又從日本傳至歐洲和美洲地區，自此成為世界名花。

至於在小寒最後五天內盛開的水仙花，其清麗脫俗、馥香盈室的特點又被一些古代文人捕捉，賦予了更深層次的寓意，黃庭堅乾脆給了它一個「凌波仙子」的雅號。水仙的花期可延續到春節期間，因此成了壽誕、婚喜、迎賓、慶典中必不可少的點綴。

而且，水仙對生長環境的要求極低，只要有清水一盆，它就可以不在乎刀刃的「創傷」，不在意嚴寒的「凌辱」，更不會擔心自己生命短促。它始終保持著「一青二白」（花葉為青，根與花為白）的本色，像極了那些志趣高潔的仁人志士。它帶給人間的也不單單只是盎然的春意與勃發的生氣，更是一種桀

驚不馴的姿態和一種獨善其身的精神追求。

臘八節二三事

　　當花卉次第開放，古老的中國又響起了臘鼓的鳴音。梁宗懍在《荊楚歲時記》中記載：「十二月八日為臘日，諺語：『臘鼓鳴，春草生』。」在這一天，保有古老習俗的中國人總是要戴上奇怪的面具，扮作金剛或力士，敲擊腰鼓，袪除瘟疫。

　　臘鼓的歷史可追溯到先秦時期，到了宋代以後，逐漸轉變為乞錢者的專用鼓具。據孟元老在《東京夢華錄》中的記載：「自入此月（臘月），即有貧者三數人為一夥，裝婦人神鬼，敲鑼擊鼓，巡門乞錢，俗呼為打夜胡，亦驅祟之道也。」除了用於驅逐瘟神，古時的諺語中還有「臘鼓動，農人奮」的說法。施臘肥正是小寒時節最為重要的農事活動，可起到保暖防寒之作用的臘肥，無疑是來年獲得豐收的重要保證。所以只要臘鼓一響，農民們自然都要忙著往地裡送肥了。

　　伴著此起彼伏的臘鼓聲，臘八節終於如期而至。關於這一節日的來歷，至今仍眾說紛紜。有人說與朱元璋有關，有人說因張三豐而起。而流傳最為廣泛的說法，則是認為這一節日與

佛教創始人釋迦牟尼有關：釋迦牟尼苦修六年，每天只吃一點麻麥，身體十分虛弱。後來有個牧羊女路過，將羊奶、果品與穀物共煮而成的乳糜送給他吃。釋迦牟尼吃完乳糜，身體恢復，並於十二月初八之日悟道成佛。

為了紀念佛祖悟道之日，佛教寺院在每年這一天都要舉行浴佛法會，還效法「牧羊女獻乳糜」的典故，用香谷和果品煮「七寶五味粥」敬佛，並施送給信眾和貧苦之人。這種粥就是最初的臘八粥，此後臘八節吃粥在民間相沿成俗。

但是據《禮記・郊特牲》記載，早在佛教傳入中國前，古人就已經了過臘八節的傳統，只不過按照當時的說法，要稱其為「天子大蠟八」。「伊耆氏始為蠟。蠟也者，索也。歲十二月，合聚萬物而索饗之也。蠟之祭也，主先嗇而祭司嗇也。祭百種，以報嗇也。」由此可見，臘八節古已有之。

關於臘八粥的做法，周密在《武林舊事》中有過詳細的記載：「用胡桃、松子、乳蕈、柿、栗之類為粥，謂之『臘八粥』。」至於如今的臘八粥，在中國各地做法迥異，似乎只要隨意取八種食材混合在一起煮食即可。其中最為常見的做法是把大米、黃米、小米、糯米、紅豆等糧食混合在一起，用旺火燒開，再

用文火慢熬，最後加上花生、銀杏、桂圓、紅棗、蓮子、栗子、葡萄乾等食材，燒開後即可食用。

除了敲臘鼓、吃臘八粥之外，中國民間還有一些其他的臘八節風俗。在關中一帶，人們歷來重視「臘八節」，只是當地縣與縣、鄉與鄉之間的風俗又各有不同。富平縣的農家喜歡在這一天釀酒，並為其命名為「臘腳」酒；而按照西安古時的風俗，則要在這一天裡煮肉糜，然後拋灑在花木之上，稱為「不歇枝」；還有一些地方則流傳著在這一天為幼男幼女剃頭理髮的習俗，凡此種種，自有其不同的情趣。

到了北京及關外的很多地方，還有在臘八這天用米醋泡漬大蒜的習俗，也就是製作北方人熟知的「臘八醋」和「臘八蒜」了。臘八醋要泡到大年初一方可食用，舊時的北京人在這一天還要吃素餡的餃子，取一年素素淨淨之意。蘸著臘八醋、就著臘八蒜吃著餃子，別有一番美妙的滋味在其中。

臘八節一過，整個小寒時節就在人們對大雁的等候中，對喜鵲的盼望中，對梅花、水仙的欣賞中悄悄過去了。旋即而來的，是更加寒冷的大寒時節。

小寒結語

　　如今「九九」的民俗只剩下了散秩各地的「九九歌」，或許臘八節已經錯認成了釋迦牟尼的成道日，或許人們再也不會敲起臘鼓去扮金剛、力士驅瘟，但我們仍然會時時想到臘八粥的可口，仍會讚賞梅花的品格，仍會用「數九寒冬」、「三九天」去形容寒冷的冬天。因小寒而起、與小寒相關的那些風俗與文化，已經深深烙印在每個中國人的記憶裡，流淌在中華各民族子孫的血脈之中。

大寒： 又是辭舊迎新時

大寒是二十四節氣中的最後一個節氣，日期為每年的一月二十日或二十一日，此時太陽到達黃經三百度。《月令七十二候集解》對大寒有著這樣的解釋：「十二月中，解見前（小寒）。」說的是大寒的由來與小寒大致相仿，都是表示天氣嚴寒。而在《授時通考‧天時》裡對大寒有這樣的解釋：「大寒為中者，上形於小寒，故謂之大……寒氣之逆極，故謂大寒。」

大寒三候

舊時的中國人，同樣將大寒分為三候：「一候雞乳；二候征鳥厲疾；三候水澤腹堅。」也就是說，一旦到了這個節氣，不僅可以孵化出小雞，而且鷹隼一類的征鳥（遠飛的鳥）也都恢復了極強的捕食能力；這些高高盤旋在空中的飛禽，正在努力尋找食物以補充御寒的熱量；在大寒的最後五天裡，水裡的冰會一直凍到整個水域的最中央，而且冰面也會變得又厚又結實。

大寒節氣表徵

到了大寒時節，即便是在南方的大部分地區，其平均氣溫也下降到了攝氏六度到八度之間。民諺中素有「小寒大寒，冷成一團」的說法，可見這時的氣候是極為寒冷的。

在這一時節裡，全國的天氣大多以晴好為主。此時的大氣環流，與小寒節氣相比相對穩定，所以不太容易出現大範圍的雨雪天氣或大風降溫現象。古人認為大寒要比小寒更冷，不過近代氣象觀測已經證明了在中國的大部分地區，都是小寒時節的氣溫更低，只有在某些年份和沿海少數地方，全年的最低氣溫才會出現在大寒時節。

天氣寒冷但陽光充足，是大寒節氣裡的主要氣候特徵。從小寒到大寒，可以說是一年當中雨水最少的時段了。好在那些越冬作物在這段時間內的耗水量較小，所以農田在水分供求上的矛盾並不突出。農諺中流傳著「苦寒勿怨天雨雪，雪來遲到明年麥」的說法，也是在提醒我們只要能夠按照不同地區的耕作習慣和條件去適時澆灌，就不會給小麥等作物的生長造成阻礙。

冬天，農活普遍較少，北方地區的農民會在大寒時節積肥

堆肥，為開春後的農事做好準備工作；南方地區則會把更多的時間和精力用在加強小麥及其他作物的田間管理上。廣東嶺南一帶的農民還有在大寒時節聯合捉田鼠的習慣——在作物收割完畢之際，平時並不多見的田鼠窩會全部暴露出來，當然也就到了消滅這種莊稼天敵的最佳時機了。

大寒時節裡的民風民俗

每到大寒時節，中國人便開始為即將到來的春節忙碌起來。春節是最重要的一個傳統節日，為了迎接它，從大寒到立春這段時間，會有很多重要的民俗和節慶活動相繼展開，如「尾牙祭」、「祭灶」等。

大寒前的臘八節一過，很多地方開始做「尾牙」。據說這是源於拜土地公做「牙」的習俗。民間以二月初二為「頭牙」，以後每逢農曆初二和十六都要做「牙」，到了臘月十六正好就是「尾牙」了。做「尾牙」是感謝土地公的一個節日，要對他庇佑信眾農事豐收與事業順利的一番恩德表示感激，所以「祭尾牙」的過程很隆重。

「祭尾牙」的時間一般選在每年臘月十六的下午四五點

鐘，時至今日，各家企業、公司的老闆依舊沿襲著這個傳統。舊時的老闆還會在祭祀結束後的餐桌上把雞頭對準將要被解雇的員工，以此作為一種暗示和提醒，但現在已經很少會有人這樣做了。現在聚餐的時候，老闆一般會把雞頭對著自己，這是為了避免造成誤會，也為了能讓員工過上一個安穩年。

　　在中國人眼中，年其實是從小年就開始的，所以才會把小年直到元宵節期間的這段時間都稱為「過年」。「小年」是過年的開始，並不是專指一個節日。由於各地風俗不同，被稱為小年的日子也就不盡相同。北方的大部分地區都會把臘月二十三或臘月二十四的「祭灶節」視為「小年」，也有一些地方則把冬至這天視為「小年」，還有不少地方把元宵節視為「小年」。

　　一些民間傳說把「小年」說成是天上的一位神仙，是「大年」的夥伴。祂曾化身神龜為大禹敬獻《洛書》，其背上神秘的《洛書》正是《易經》的起源。易經坤卦「地勢坤，君子以厚德載物」也被認為是「小年」的體現。在每年的除夕過後，「大年」都會回到它居住的北斗七星宮閉關積蓄吉祥的能量，直到除夕夜才重返人間。

　　而在每年臘月二十三的時候，祂都會派遣「小年」先到人間看看都有哪些人需要吉祥的祝福，然後根據「小年」的匯報降下福瑞。因為傳說「小年」愛吃灶糖，所以人們為了讓「小年」和灶王爺能夠「上天言好事」，慢慢就形成了過小年吃灶糖的民間習俗。小年還是民間「祭灶」的日子，其起源與上面的傳說有些類似，是說灶王爺會在這一天返回天庭，向玉皇大帝報告各個人家的善惡、貧富，以便玉帝能夠賞罰有據。為了能讓灶王爺為自家多說好話，中國人就在小年這天「祭灶」，把灶糖用火融化後塗抹在灶王爺的嘴上，這樣他就不能在玉帝面前說壞話了；又因為俗語中素有「男不拜月，女不祭灶」的說法，所以拜祭灶王爺只能由家中的男子來進行；另外，民間還有灶王爺會在除夕夜裡邀請各位神仙來人間過年的傳說，所以人們還要在除夕夜裡舉行「接灶」、「接神」的儀式。

　　除了「祭灶」外，中國民間在小年這天還有掃塵土、剪窗花、貼春聯等等習俗，大多都和迎接新年的準備工作有關。北方民間還講究在這天吃上一頓餃子，取其「送行餃子迎風面」的寓意；而晉東南地區則有吃炒玉米的民間習俗，甚至還有「二十三，不吃炒，大年初一一鍋倒」的說法。

大寒迎年

　　大寒節氣，時常與歲末重合。在古代，以臘月三十為除夕、正月初一為元旦，一個為年終，一個為年初。中國人歷來重視「有始有終」，所以除夕與第二天的元旦（也就是現在的春節）這兩天就成了中國最為重要的兩個日子。各地到了臘月三十這天都有祭祖的習俗，稱為「辭年」。除夕祭祖是民間大祭，有宗祠的人家都要開祠，而且門聯、門神、桃符也都要煥然一新。先點上大紅色的蠟燭，然後全家人再按照長幼順序拈香向祖宗祭拜。祭祖之外，中國人還會將芝麻秸灑在路上，讓孩子們將其踩碎。使用芝麻秸，是因為俗語有「芝麻開花節節高」的說法。另外「踩碎」的「碎」跟「歲」字諧音，取其「歲歲平安」的寓意，在一年之初為孩子們討個好口彩。

　　到了除夕夜，人們還要鳴放煙花爆竹，並焚香燃紙，拜謁、恭迎灶王爺的回歸，這在舊時的風俗裡又叫「除夕安神」；入夜後，堂屋、住室、灶下都要燈燭通明，全家團聚在一起圍爐守歲。新中國成立後，安神燒香等活動已被逐漸廢止，但其他形式的歡慶活動都被保留了下來。

　　所謂的「年夜飯」，可以說是中國人在一年當中必須要吃

的最重要的一頓飯了。到了除夕夜，全家人圍坐在一起，一邊看春晚一邊吃年夜飯，這幾乎是近些年來每個中國家庭的習慣。在北方地區，年夜飯的主食是餃子，除此之外，餐桌上還會有很多象徵著吉祥如意的菜餚。如「魚」與「餘」同音，所以一般只能看不能吃，至少是不能吃完，這樣才會「年年有餘」；韭菜則取其「長久」或是「有酒有財」之意；至於魚丸與肉丸，就是「團圓」、「圓滿」的意思了。

大寒節氣裡，中國人通常會迎來一年中最重要的節日—春節。除舊迎新，闔家團圓，吃一頓熱鬧豐盛的年夜飯，是這一天最簡單最幸福的主題。

　　吃過年夜飯後，一家人還要「守歲」，要在零點鐘聲響起的時候燃放煙花爆竹來慶賀新年的到來。值得一提的是，大人在除夕夜裡還要給孩子過年的「壓歲錢」。這種同樣有著守歲寓意的「壓歲錢」一般都是先用紅紙包好，有的放在祭祖的供

桌上，有的壓在歲燭下，還有的會被大人偷偷放在孩子的枕頭下面。「壓歲錢」是許多人兒時最期盼得到的禮物，有了「壓歲錢」，就可以買到自己喜歡的零食或是垂涎已久的玩具了。

大寒花信風

大寒時節，同樣有花信風吹來。舊時的中國人將大寒花信風分為三候：一候瑞香，二候蘭花，三候山礬。

瑞香在大寒前後開花，香氣極為濃郁，有「千里香」的美譽，古時還有「露甲」、「毛瑞香」、「山夢花」等別稱。變種金邊瑞香更是花中佳品，蘇東坡就寫過「牡丹花國色天香，瑞香花金邊最良」的詩句，可見這種花自古以來就極負盛名。

在瑞香開放後，蘭花也隨之開放。這種單子葉植物是多年生草本花卉，它還有　個大家熟知的別名——胡姬花。由於地生蘭中的大部分品種都原產於中國，所以蘭花又被人們親切地稱為中國蘭。蘭花以香味出眾而著稱於世，給人高潔、清雅之感，自古以來中國人對它的評價都是極高的，還將它與梅、竹、菊並列，譽為「花中四君子」。

大寒的最後五天，就到了山礬盛開的時候。山礬有一個別

名──「七里香」，七里香因為周杰倫的歌而被人廣為熟知。
枝葉細小的白色山礬花看上去精緻清新，除了結出的圓錐形果
實可以用來製成機械潤滑油外，其本身還是一種難得的中藥材。
它的根、花、葉都可以用來入藥，具有清熱利濕、理氣化痰的
功效，能夠治療黃疸、咳嗽、關節炎等病症。

大寒結語

　　大寒時節一過，一年四季就到了結束的時候。而新一輪的
二十四節氣，又即將在神州大地上重新開始。在這個天寒地凍
的季節裡，三九天即將結束，年也就越來越近了。平日裡奔波
在天南海北的中國人，這時都想盡辦法趕回家中，「團聚」一
事在人們腦海中已經大過任何其他的念頭。回家！是的，回家！
再沒有什麼事情能比這時回到家中更重要的了。

　　在團圓帶來的無邊喜悅中，在家庭張開的溫暖懷抱中，在
熱騰騰的年夜飯裡，在每個人掛滿幸福的臉上，新的一年終於
到來，而一個充滿希望的季節也已經在某處悄悄等待──這就
是春。

姓名		性別	□男 　□女
生日	年　　　　月　　　　日	年齡	

住宅地址	郵遞區號□□□

行動電話		E-mail	

學歷

□國小　　□國中　　□高中、高職　　□專科、大學以上　　□其他＿＿＿＿

職業

□學生　　□軍　　□公　　□教　　□工　　□商　　□金融業
□資訊業　□服務業　□傳播業　□出版業　□自由業　□其他＿＿＿＿

謝謝您購買　＿＿＿中國節氣的文化＿＿＿　與我們一起分享讀完本書後的心得。務必留下您的基本資料及電子信箱，使用我們準備的免郵回函寄回，我們每月將抽出一百名回函讀者，寄出精美禮物以及享有生日當月購書優惠！想知道更多更即時的消息，歡迎加入"永續圖書粉絲團"

您也可以使用以下傳真電話或是掃描圖檔寄回本公司電子信箱，謝謝！

傳真電話：（02）8647-3660　　電子信箱：yungjiuh@ms45.hinet.net

●請針對下列各項目為本書打分數，由高至低5～1分。

　　　　　　　　5　4　3　2　1　　　　　　　　　　5　4　3　2　1
1.內容題材　□□□□□　　2.編排設計　□□□□□
3.封面設計　□□□□□　　4.文字品質　□□□□□
5.圖片品質　□□□□□　　6.裝訂印刷　□□□□□

●您購買此書的地點及店名＿＿＿＿＿＿＿＿＿＿＿＿＿＿＿＿＿＿＿＿＿

●您為何會購買本書？
□被文案吸引　　□喜歡封面設計　　□親友推薦　　□喜歡作者
□網站介紹　　　□其他＿＿＿＿＿＿＿＿＿＿＿＿＿＿＿＿＿＿＿

●您認為什麼因素會影響您購買書籍的慾望？
□價格，並且合理定價是＿＿＿＿＿＿＿　　□內容文字有足夠吸引力
□作者的知名度　　　　□是否為暢銷書籍　　□封面設計、插、漫畫

●請寫下您對編輯部的期望及建議：

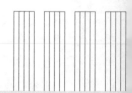